離婚駆け込み寺

住職からのメッセージ

み

静新新書
009

目 次

序章　カナダへ

バンコクの朝、ホテルのダイニング・ルーム。様々なアクセントの英語が飛び交う中で、習いたての自分の英語が通じることが、うれしかった。冷汗をかきながらも、カタカナ英語をなんとか操っていたわたしは、

「ドコニ、スンデマスカ」

という声にふり返った。東京に住んでいると答えたわたしに、その声は「ハツダイ、シッテル？」と、続けた。

なんと、わたしの住まいは、その「初台」から歩いて十五分の所にあった。声の主は、新宿の外語学校で英語を教えているというカナダ人だった。彼は、日本に五年あまり住んでいること、タイには休みの度に来ていること、そろそろ日本を引き払ってカナダの両親の近くで暮らしたいと考えていること、などを次々に話した。

その晩は、わたしにとってバンコク最後の夜だった。バックパッカーの間で有名な宿、バンコク、スワン・ホテルのダイニング・ルームで話に花を咲かせた四人―長期滞在者のドイ

ツ人男性、オランダ人の女の子、そして、このカナダ人青年とわたしは、その夜、パッポンへくりだすことになった。

パッポンは、有名な盛り場で、新宿の歌舞伎町をもっとあぶなくしたようなところだと聞いたことがあった。けれども、町中がじっとりと寝汗をかいたようなバンコクの夜に、トゥクトゥク（有名なバンコクの簡易タクシー）を飛ばすのは、しかも、あのパッポンへ向かうのは、憧れの不良少女になったようで、実に爽快で、わたしは、すっかりはしゃいでしまった。

翌朝、二日酔いと戦いつつ、ほとんど効かないエアコンに八つ当たりをしながらやっと荷造りをすませ、バンコクでの最後の朝食に降りていった。夕べの話し好きのカナダ人青年は、英語での長いおしゃべりの最後に、

「デンワシマス」

と、短く加えた。

帰国から三日目、電話があった。アイススケートに来ないか、というものだ。生徒たちとのスケート大会だと聞いて、わたしも出かけてみることにした。何年ぶりかのスケートを楽しんだわたしは、夕飯の誘いにも、ごく自然にうなずいていた。彼が、生徒たちと過ごす様

子は、実に好ましいものだったから。

　こうして、わたしたちは、急速に親しくなり、その翌年、カナダ、トロント近郊の彼の故郷で結婚式を挙げた。これが、カナダでの結婚生活の始まりだった。しかし、同時に離婚への第一歩でもあったことなど、知る由もなかった。

第一章　ところ変われば、離婚変わる

1 「離婚」駆け込み寺

「あの、ちょっといいですか。お聞きしたいことがあるんですけど」

「すいません。教えてもらいたいんですが……」

いつの頃からか、わたしのもとに、こういった問いかけが訪れるようになった。ためらいがちに声をかけてくるのは、カナダに住む日本人女性だ。皆、カナダでの日本人以外の配偶者との離婚問題で悩んでいるという。

まったく、いつから離婚というものが、「ぼく、まだ二回目」「あらわたしは、三回目よ」などと、海外旅行の回数でも数えるようなものになってしまったのだろう。ほんとうに嘆かわしい。離婚しようと思って結婚する人なんていないはずなのに。それとも、結婚の意味もよく考えることなくしてしまえるほど、軽々しいものになってしまったのだろうか、結婚というものが。

自慢できることではないが、わたし自身、最初は日本人と、二度目はイギリス系カナダ人との結婚生活をそれぞれ七年ずつ経験している。どちらも、俗に言われる結婚七年目の離婚であり、その点においても、ごく一般的な、どこにでもある離婚だったといえよう。

もっとも、同じ人間が二人といないのと同様、どの離婚も当事者にとっては唯一のものである。

離婚に至るいきさつ、理解不可能な離婚法律、他の家族メンバーとの折り合いや、新しい異性関係の絡まり、さらに、そのそれぞれに、感情がくっついてくる離婚劇は、それぞれの人生の一大事にちがいない。

不信や苦悩、不安や恐怖、嫉妬や屈辱感、怒りや絶望感……と戦ったり、やりくりしたり、がっかりしたり、あきらめたりしなければならないのだ。

誰にとっても、離婚への道は、長く、険しく、辛いものだが、とりわけ、二人の間に子どもがあった場合には、精神的にも、法律的にも、究極のストレスを体験することとなる。

離婚という荒波をくぐり抜け、「We」から「I」という名の船に乗り換えた。その、さまざまな経験のなかで手に入れたわたしの離婚法律知識が、あるいは、離婚後の生き方や離婚を通して身に付いた新たな人生観について語ることが、誰かの、そして何かの役に立てるなら、と、ひそかに「駆け込み寺住職」と名乗るようになって久しい。

その知識や人生観は、いずれゆっくりご披露するとして、まずは、いきなり結論から述べさせていただきたい。

わたしが、二度の離婚から学んだ最大のことは、「離婚を避けるための最善の方法は、結婚しないことだ」と、いうことだ。

そうなのだ、触らぬ神になんとやら……。

だが、経験豊かなこの駆け込み寺住職のありがたい教えに従う者は、おそらくないだろう。

「それじゃ、離婚しないためには、いったいどうすればいいの」

そんな問いかけに答えようとしたのが、この本を書くきっかけだった。

2　実用、カナダの離婚法律

離婚防止の良策、離婚を避けるための最善の方法は「結婚しない」ことだが、あまり現実的でないようだ。そこで、実用、離婚法律講座を開講してみよう。

そもそも、結婚なんてものは鳥かごのようなもので、「中にいる人は出たがり、外にいる人は入りたがる」ものらしい。だから「するな」と言っても、かえって逆効果なのは目に見えている。

ただこの結婚、困ったことに、入るのは比較的簡単なのだが、出るとなると、一筋縄ではいかない。

カナダの離婚劇は、夫婦が、あるいは、そのどちらかが「別居」を決意するところで幕が切って落とされる。ともかく、片方が「もうだめ」と決断すれば、離婚の手続きを始めることができる。

離婚に伴うもっとも大きな問題を挙げるなら、夫婦間に子供がある場合には「親権」、次いで「金銭問題」だろう。この、「金銭問題」は、いくつかに分けられる。

日本では、離婚原因を作った方がその精神的苦痛に対して支払う損害賠償金がある。これを慰謝料といい、暴力、精神的虐待、不貞行為などをはじめとするあらゆる理由によって請求される。しかし、カナダではどちらに落ち度があっても、慰謝料というものは発生しない。

英語のことわざに、Two to Tangleというのがある。これは、一本の糸だけでは絡まらない、という意味で、転じて何事においても、もめごとというのは、二人共に責任があるということを指している。日本語のことわざを当てれば、「けんか両成敗」とでもいったらよいだろう。

それでは、カナダの離婚における「金銭問題」とは、いったいなんだろう。それは、財産分割、配偶者扶養費、そしてチャイルドサポートと呼ばれる養育費にわけられる。これらにはすべて、一見、かなり公平な措置が、法律によってほどこされてある。

この一見、というのが、実は、曲者なのだが、このことはまた別の機会にお話ししよう。

さて、これら離婚に伴う問題を解決すべく、最初にすることは弁護士を探すことだ。日本では、よっぽど込み入った事情や感情のもつれがない限り、弁護士が介入することはないかもしれないが、カナダでは、どんなに円満な協議離婚でも、必ず弁護士に相談して進めていくのが、常識となっている。

さて、その弁護士、どうやって探したらよいのだろう。リーガル・エイドという無料の法律相談もあるのだが、収入と金銭的背景によって、利用の資格が問われる。

家賃、または、家のローンを抱えた低所得者であれば、十分資格があるが、対象外の場合には、自分で弁護士を見つけなければならない。

弁護士との初回の会見は無料だ。知人などの紹介で弁護士のドアをたたく場合が多かろうが、リテイナー（着手金）を払って「雇う」わけだから、決める前に何人かの弁護士と話したほうがよいだろう。ショップ・アラウンド、つまり、あれこれ見て比べることは、常に良案だ。

気になる弁護士費用だが、依頼時に払わなければならないリテイナーは千ドル前後というのが、我々庶民の離婚弁護士の相場だと思う。

リテイナーは、決して安くない。だから、依頼する前に、費用の内訳についてよく確認しておくことも重要なポイントだ。

費用の確認とともに、弁護士との初回の無料相談での大切なチェックリストは、

①離婚、あるいはセパレーション・アグリーメント（別居協定）にたどりつくまでの経緯を分かりやすく説明してくれるかどうか。

②法律上の権利や義務を情報として示唆するだけでなく、あなたの場合のオプションについて、アドバイスを与えてくれるかどうか。

③あなたにとって、話しやすい相手か。つまり、相性はどうだろうか。

④第一印象

離婚問題に直面している本人は、すでに精神的にかなり不安定になっている場合が多いだろうから、決断力も低下している。信頼できる友人（その人に離婚経験があれば、なおよい）に一緒に来てもらうのも手だ。

これは、弁護士が日本語を話せる場合でも同じことだ。弁護士語、法律語で会話が進めら

れた場合、経験者がそばにいるということは、この上なく心強いものである。

3　弁護士

弁護士を定めることが、離婚成立への第一歩なのだが、この話を先へ進める前に、もうひとつのオプションについて触れておきたい。

それは、ミディエーションと呼ばれ、日本の離婚調停に似たものだ。家族法の専門家である仲裁者を中に立て、本人同士が話し合うという点では、同じなのだが、日本の家裁離婚調停委員会で行われる離婚調停は、主に、一方が離婚に同意しない場合の話し合いを助けるものである。日本での離婚の約九パーセントが、この離婚調停で解決されるという。

ちなみに、大多数の九〇パーセントは、本人同士が話し合って離婚届を提出するだけの協議離婚であるそうだ。残りの一パーセントが、調停が成功せず、離婚訴訟に至るものだが、カナダの離婚訴訟の数から考えると夢のように低い数字だ。

さて、カナダでは前に触れたとおり、どちらか一方が離婚したければ離婚できるわけであるから、このミディエーターを介しての話し合いの目的は、離婚を前提とした親権、金銭問題等の問題を解決することにある。

弁護士を介入させることなく、本人同士が専門家の知識と経験を借りて、親権や金銭問題を話し合い、決定する。これはもちろん、理想的な姿ではあるが、「子供」「お金」といった感情的になりやすい題材を扱わなければないので、かなり難しい過程だ。特に、一方が離婚を望んでいないような場合には、心理的にもかなり辛いものがある。

わたしも、まず、このミディエーションを試したのだが、結果的には、時間の無駄に終わってしまった。

ミディエーションだけで離婚できたという話をわたしはまだ聞いたことがない。つまり、このオプションは、幻のオプションとして、あるいは「やるだけのことはやった」と次の段階に進むステップとしての役割しか持たない、というのが経験者としての偽らざる感想だ。

つまり、カナダで離婚しようとすれば、弁護士を抜きにしては進めることができないというのが現実だろう。これが、カナダやアメリカにおいて、法律事務所の数がコンビニの数と同じくらいある理由のひとつだと、わたしは理解するようになった。

さて、弁護士が決まったところで、今後は「親権」「財産分割」「養育費」「配偶者扶養費」など、ファミリー・ロウ（家族法）に関連した話を続けて行きたいと思う。

離婚を考える前に、まず離婚に付随するさまざまな知識を深めることは、まちがいなく正しい方向性だ。そのあまりの面倒くささに、「結婚生活の改善を目指したほうがまし」と思えるようになるかもしれない。

最後に、離婚ジョークをひとつ紹介してこの回を終えよう。

既婚者は、三種類に分けることができる。話し合いが終わり離婚の成立を待っている人、離婚協議中の人、そして『離婚できたらいいのになぁ』と思っている人の三種類だ。

4　離婚法律、学習編

繰り返すが、わたしは決して離婚の推奨者ではない。救える結婚は、なんとしてでも救うべきだと思っている。しかし、「だめなものは、だめ」と判断を下した人の精神的、経済的な苦痛を少しでも減らすのに役立てば、と駆け込み寺の門は常に開放中だ。

ここで、離婚までのステップを簡単に説明しておこう。

ステップ1は、試行錯誤の末、ついに離婚を決意する。(ここにたどりつくまでに、すでに少なくとも二、三年分のエネルギーを使い果たしているはずだ)

ステップ2は、弁護士を見つけることだと説明したが、

「離婚するのに　弁護士ってどうしてもいるんですか？」

という方のために、もう一度説明しておきたい。

本人同士が（時には、ミディエーターという仲裁者を仲立ちにして）話し合い、すべての条件を決定してしまう協議離婚というものも確かに存在する。

日本人同士の日本での離婚の場合、まだまだこのケースが多いようだから、「どうしても弁護士がいるの」という素朴な疑問が出るのも無理はない。

しかし、実際カナダでは、協議離婚は稀であるし、協議する場合もそれぞれ顧問弁護士を雇うのが普通だ。ともあれ、「郷に入っては郷に従え」、カナダで離婚するには弁護士は「必要」だ。

さて、カナダ式離婚、もう一点日本と大きく異なるところは、「離婚」を成立させるには最低一年間、別居生活を送らなければならないという条件だ。これが、「セパレーション」という言葉を異常なほど耳にする理由である。例外は、

1．配偶者の不貞

2．配愚者からの肉体的、あるいは精神的虐待

このどちらかを証明することができれば、ただちに離婚手続を始めることができる。

ただしこれは、離婚するための条件であって、相手方の非が財産分割や養育費に与える効

力は一切ないという話は、前回述べたとおりだ。

もう一度言うが、カナダには離婚に伴う慰謝料というものはない。では、離婚に伴うものは、いったいどんなものなのか？　大きく分ければ二つ、細かく分ければ星の数ほどある。

1．カストディと呼ばれる親権の決定とアクセスと呼ばれる面接交渉権（主親権を持たない親が子供と過ごす割合の決定）

2－①　養育費（チャイルドサポート）

2－②　配偶者扶養費

2－③　財産の分割

2－④　マトリモニアル・ハウスと呼ばれる夫婦が暮らした家の取り扱い、などなど。

ここまで読んだところで、ご主人、あるいは奥様にお茶でもいれてあげる、というのも有意義なオプションだ。

『『結婚とは忍耐である』と言ったのはチェーホフ、『結婚とは、辛抱するものではない、創造するものだ』と言ったのは誰だっけ？」

なんて気取った会話をするのもいいではないか。離婚関連リストなんて、縁が無いに越したことはないのだから……。

5　親権　日本の場合

カナダには、日本と違い離婚に伴う慰謝料がないことに、驚かれた読者もあるかと思うが、親権に関しても、日本とカナダではかなり毛色が違う。

子供のある夫婦が離婚するためには、親権を決定しなければならないことは、日本もカナダも同じである。けれども日本の場合、共同親権というのは、ない。

もちろん、親権を持っていないからといって、子供の親である事実に変わりはない。扶養義務は双方の親にあるわけだから、親権を持たない親は、親権をもつ親に養育費を支払うことで経済的に子供の養育に携わることになる。

一方、親権を持つ親には「身上看護権」が与えられる。これは、名前にこそ「権」と付いているが、子供と同居し身の回りの世話やしつけ、教育など、親としての日常生活全般の責任を負う、という義務を課されることである。

親としての権利は、親権を持たぬ側の親にもある程度与えられ、養育費を支払っている限り、子供の教育や、医療決定等の将来を左右するような重要な決定に意見を述べることもできる。しかしながら、最終決定権は親権を持つ親が有する。

また、未成年者が収入を得ることがあったり、何らかの形で財産を持っていたりした場合には、親権をもつ親がこの管理を行う。これは文字通り「財産管理権」と呼ばれている。

親権を持たない親が一定の日時を決め、面会したり、一緒に暮らしたりすることができる取り決めも、離婚の際に決定される。これを「面接交渉権」と呼び、カナダでいうところの「アクセス」に当たる。

けれども、この「面接交渉権」を使って、親権を持たない親が定期的に子供と過ごしているという話を、わたしは、今まで聞いたことがない。わたしが知る唯一の例は、わたしと最初の夫のケースだ。

わたしと娘が、まだ日本に住んでいるころ、長女は週末、たいてい父親と共に過ごした。カナダへ来てからも、夏休みには、毎年のように帰国し、父親と会い、旅行に行ったり、友人や祖父母を訪ねたりした。

この父親からは、いまだに誕生日とクリスマスには、必ずプレゼントが届き、父娘は折にふれ、電話で話している。日本では女の子は、「お父さんなんかキライ」と父親をまったく相手にしないこともあると聞くが、長女にとって、父親はいつも理想の男性であった。

このことをわたしは誇りに思っている。長女の父親とわたしの結婚は、失敗に終わった。

けれども、わたしたちの離婚は、めったにない成功例だと自負している。

6 親権 カナダの場合

カナダでも、「親権」とは子供にとっての重要な決断を行う権利である。これには日常生活を共にするという養育権も含まれている。ここまでは日本の親権と同じだが、最大の差は、カナダではたいていの両親が、ジョイント・カストディ、つまり共同親権を持つ形をとるということだ。

「親権を持つ」ということは、その子供の親としての権利（と責任）を持つという意味だ。主として子供と同居し日常生活全般の責任を負うことを「主親権」というが、こちらが、もう一方の親から、養育費を受け取ることは言うまでもない。場合によっては、アクセスのアレンジで、養育費の支払い額に影響することもあり、子供を獲得するための親権争いの醜さを伝える話は後を絶たない。

もちろん、親権争いの原因はお金ばかりではない。父親が子供の生活に深く関わっているのもカナダの家族の特徴だ。ほとんどの日本の父親と比べ、子供と過ごす時間は圧倒的に多いに違いない。子供と離れて暮らすことなど考えられないと、主親権を主張する父親も大勢いるのだ。

主親権を獲得するための最も重要な決め手は、「別居前、主に子供たちの日常の世話をしていたのはどちらの親か」ということだ。

これをプライマリー・ケアギバーと呼び、多くの場合は母親だ。たいていの場合、子供は母親と暮らし、父親とは定められたスケジュールに従い会うことになる。これを「アクセス」という。

最も一般的なアクセスは、「隔週末と毎週火曜日か水曜日の夜、共に過ごす」というものだ。他に「50／50親権という一週間おきに片方の親と暮らす」という我々日本人には信じられないようなアレンジもある。

このアクセスに関しては法律的な決まりはなく、どんなアレンジであれ、子供たち、そしてその子供たちの両親にとって一番ふさわしい方法を選ぶことができる。

どんな場合も「その子供にとってベスト」を目標にすることが肝心だ。

子供は、すでに「両親の別居」という辛い経験の真っただ中にあるのだから、たとえ両親が一緒に暮らしていなくても、お父さんもお母さんも失ったわけではないと教えることは、とても重要なことだ。

7 住職の告白

わたしこと駆け込み寺住職が、今日、皆様のお役に立てるのも、失敗を糧にする、「転んでもただでは起きぬ」精神によるものだ。離婚に伴う問題の内、親権について紹介したが、もうひとつの問題「金銭問題」について触れる前に「住職の告白編」はいかがだろうか。

一九九八年春、夫から「トライアル セパレーション」を申し渡されたわたしは、驚愕した。夫との間がギクシャクしはじめてから数年が経っていたが、小さな子供が二人もある仲で、まさか夫が離別を考えていたなんて夢にも思わなかった。

我々の結婚生活は、幸せに満ちている、とはいえなくとも、経済的にも社会的にも落ち着いて、「まあ、結婚なんてこんなもんだ」と思える程度のものであったはずだ。

その年の春から夏にかけては、思い出すのも辛い毎日だった。夫は地下室で暮らし、食事だけは共にするという、文字通り家庭内離婚生活が三カ月続いた。

子供たちは四歳半と二歳、下の子はやっとおむつがとれたばかりだった。

十六歳の長女は母親の結婚崩壊をもう一度見ることとなったのだが、幼い妹たちを抱えていた母親に、この最も感じやすい年頃だった長女を思いやる余裕はなかった。

これが、後に彼女との関係をかなり複雑なものにしたひとつの要因となるのだが、このことはいつか「離婚が家族に与える影響」と題して、まとめてみたいと考えている。

「もし、もう望みがないのなら、早く出て行って」

二カ月にわたるカウンセリングの末、ついに言えたわたしの一言は、いつまでもずるずると事を先延ばしにし、かといって結婚生活を修復しようともしなかった煮えきらぬ夫の背中を押した。

ちなみに、このカウンセリングとは、夫の参加を祈ったがついに実現しなかったマリッジ・カウンセリングだ。

一人でもマリッジ・カウンセリングは受けられる。またしても余談だが、これも別の機会にお話しよう。

七月の初め、夫はやっとアパートを見つけて出て行った。それでもわたしは、「ひょっとしたら」という望みから、次の行動を起こせないでいた。その行動とは、もちろん弁護士に会うことだった。

試行錯誤の後、九月、わたしはついに弁護士を決めた。それから一年半もの間、この弁護士と付き合うことになろうとは、夢にも思わなかった。

弁護士との最初のやりとりはあまりにビジネスライクで、「えっ、それだけ？」と少々傷ついたのを昨日の事のように憶えている。

弁護士は、四ページのリーガルドキュメント「ファイナンシャル　ステイトメント（資産報告書）」を私に手渡し、なるべく早く記入して提出するよう、そしてこれがないと何も前に進まないことを説明して、「じゃ、また」と手を振ったのだ。

8　財産分割

ファイナンシャル　ステイトメントには、双方がすべての収入、支出、財産、資産、借金を包み隠さず報告することが義務づけられている。

これを基に、財産分割、配偶者扶養費、養育費などが決められてゆき、弁護士によって作成されるセパレーション・アグリーメント（別居協議同意書）に法的効力を与えるためにもなくてはならないものだ。

まず、最初のページには所得税申告書さながらの収入記入欄がある。そして衣食住費、医療費、交通費、学費、パーソナルケアという項目での散髪代や化粧品代まで含むありとあらゆる支出を記入する欄が並ぶ。

次の数ページには財産、資産の項目が続く。家をはじめ家具や家財、預貯金、株や信託、ビジネス、不動産、そして借金を申告し、それぞれの正確な価値を数字で記入しなければならない。

カナダの法律では、夫婦が共に暮らした家を「マタリモニアル・ハウス」と呼び、住宅購入費の出所や家の名義によらず、基本的には折半することになっている。この話を聞いたとき、これが、夫婦が暮らしたホームがハウスに変わるときなのかと、わたしは複雑な気持ちでうなずいてしまった。

分配に関しては、婚姻年数や誰の資金によって購入されたか等が考慮される。どちらかが結婚以前に購入しローンも既に返し終えていた場合などは、婚姻外資産として扱われる。しかし、夫（又は妻）のみに収入があり、妻（又は夫）は家庭にいた場合でも、結婚後か、あるいは一緒に暮らすために買った家であった場合には、どちらがローンを払ったとしても間違いなく50／50に分配されるはずだ。

夫婦のどちらかが、存分に働けるよう家庭を守った配偶者の値打ちは、収入源となったもう一方と同等とされる。

これを公平と呼ぶか不公平と呼ぶかは、「夫婦とは何ぞや？」という実に哲学的な問いに戻っていくような気がする。

冬の夜長、夫婦の会話のテーマにいかがだろうか？　また、いくつかの離婚が救えるに違いない……と思いたい。

さて、先にあげたような『公平』な理由により、家や家財一式は、半分ずつに分配されるが、一脚のいすや、何処にでもあるようなティーセットのために泥試合を繰り広げる夫婦も珍しくはない。

親権や財産分割をめぐる修羅場は、「いわずもがな」であろう。多くの夫婦が陥るこの悲劇は、つまるところ相手を傷つけ苦しめたい一心の、相手の主張にことごとく「ノー」と言いたいためだけの、きわめて浅はかで大人げない行為だ。

その他の財産に関しては、配偶者が所有している会社や事業も含めて、結婚後に作り上げられたと認められるものに関しては、妻（しつこいようだが、時には夫）の貢献を考慮され配分される。

これと同様の配慮は、配偶者扶養費の値を定める時にも用いられる。これは、結婚生活の終わりと共に、収入のない配偶者が経済的な危機にひんするのを防ぐために設けられている。

配偶者扶養費の金額や支払い期間に、法的な決まりはないが、目安は「生活を共にしていた頃と同等のライフスタイルが保てる額」ということだ。

これは妻（支給を受ける側）が、就職するなどで収入を得、さらに結婚していたころと同等のライフスタイルを確立するまで続けられる。

たいていの場合は、妻が再婚し、金銭的なサポートが発生することで終了するようだ。知れば知るほど、面倒くさい金銭問題である。

さて最も重要だが、分かりやすくもある養育費については、「続告白編」と共に、詳しくふれて行きたいと思う。

9　養育費の意義

「わたし、本当は離婚したいんです。でも経済的に無理です。仕事もないし、頼れる肉親もいないし……何とか我慢するしかないとあきらめてます」

「もし、お金さえあれば、すぐにでも離婚したいと思ってます。ただ、一人じゃ子どもを育てていけないから、しょうがないんです」

ときどき耳にするこういった告白は、いつもわたしの心を打ち砕く。行動力を誇るはずの海外在住日本人女性の意外に消極的、否定的な態度に接し、驚くやら憤慨するやら、要するに歯がゆくてしょうがない。

住職、この怒りの理由は、以下の二点だ。
1．いったいあなた方は、祖国を離れる決意をしてまで選んだ夫を何だと思っているのですか。嘆いたり、ぼやいたりする暇があったら「あきらめ」「しょうがない」以外の修飾語を「結婚生活」の前につけるための努力をしたらどうですか。
2．もし、正真正銘、天地神明に誓って経済的な理由のみで、そんなにもいやな結婚にしがみついているのだとしたら、そりゃ、正気の沙汰じゃありません。問題は、夫ではなくあなたのほうです。
家を守り、子どもを育てた配偶者の経済的な立場が、離婚後崩壊してしまわぬよう、財産分割や、配偶者扶養費という仕組みが施されているというのが前回のテーマだった。相手が失踪して、居所もわからず、残したものは借金だけといったような気の毒なケースを除いて、離婚後も結婚していた時と、少なくとも経済的にはほぼ同様のライフスタイルを保つことを目指しての措置だ。

同様の理由で、離婚後の子どもたちを守るために設けられているのが養育費だ。

これは、親権（又は主親権）を持つ親が、もう一方の親から受け取るサポートだが、ここで大切なことは、この養育費とは、「子どもたちに対して支払われるものである」ということだろう。配偶者に対するあらゆる感情や利害意識を排除し、子供の幸せだけを考慮し、正しく、公平に支払われるべきものだ。

よく聞く話に、「夫が『養育費を払うぐらいなら、仕事なんかやめてやる』と言うので、離婚に踏みきれない」というのがある。

たしかに、収入のない者に養育費を払う義務はない。しかし、養育費の支払いを免除されるには、仕事ができない正統な理由を立証しなければならない。

つまり、自分から仕事をやめたり、わざと収入の低い仕事に転職したり、といったことは、決して認められない。親は子供に対する養育の義務があるのだから。

もうひとつ心の痛む話に、養育費を払いたくない一心から、あるいは一銭でも多くの養育費を受け取りたいがために、親権を主張する親が後を絶たないということだ。

共に暮らし、子供までもうけ、一度は未来を共有した二人の人間が、どうしてそこまで醜く争い、自分の利益のみを追うことができるのだろうか。

しかもその利益とは、単に経済的な利益のみで、「子供たちの幸福」「自身の心の平穏」などといった本当の意味での利益については考えてみようともしないのだ。

養育費についても、お互いの経済的背景をいちばん理解し、子供たちのニーズを知り尽くしている両親が、子供のためにもっともふさわしい額を話し合い、決定するのが理想だ。

10　養育費の値

日本における一般庶民の離婚の際に支払われる養育費は、子供が一人でも二人でも、月4、5万が相場だと聞く。

離婚しても双方の親が、未成年の子供を扶養する義務を持つ。これは親権とは無関係の親としての義務だ。親権を持つ方の親が子供と同居し日常生活全般に責任を持つのに対し、親権を持たない親は経済的に子供の生活費、教育費、医療費、娯楽費などをサポートするというのが養育費なのだ。

現在、日本で子供二人を抱える家庭にとって、いったい、いくらくらいが、子供のための支出であるのか定かでないが、子供の年齢によってはかなり高額なのであろうと想像する。この養育費、月4、5万というのが納得できる金額でないと感じる人は、少なくないだろう。

さて、カナダの話に移ろう。『公平』を合言葉に制定されたようなカナダの家族法――ここでは養育費の値に関する取り決めが存在する。

「チャイルド・サポート・ガイドライン」がそれで、これは支払い者の年収と子供の数によってはじきだされた金額を一覧表にしてあり、即座に数字を知ることができる悲しいほど便利な代物だ。

二〇〇六年度のガイドラインによると、わたしの住むオンタリオ州の場合、年収3万カナダドル（約300万円）で、二人の子供に対する養育費の月額は444カナダドル（約4万5000円）、三人なら598カナダドル（約6万円）だ。年収6万ドル（約600万円）なら二人900カナダドル（約9万円）、三人1177カナダドル（約12万円）となる。

わたしの知人が払っている養育費の内の最高額は、二人の子供に対し支払っている月額、約5000カナダドル（約50万円）だ。先に『公平』が合言葉のカナダの離婚法律の合言葉であると述べたが、ここまで来ると行き過ぎであるとしか感じられない。

さらに、この養育費は非課税なので、受け取る側が収入として申告する必要がないことでも優遇されている。「う〜ん」と思わずうなりそうな措置だ。

協議離婚では、夫婦間の話し合いによって、ガイドラインで示された以外の金額を選ぶこともできる。

子供がもう一方の親とも四割以上生活する養育アレンジや、どちらの親にも収入がある場合など、時と場合によって養育費の値は違ってくるだろう。

ちなみに我が家の場合は、50／50親権でもあり、双方とも収入があったため、（夫の収入に基づく値）マイナス（妻の収入に基づく値）＝（夫が妻に支払う値）というところに落ち着いた。

この決定に二年の歳月と5000ドル（約50万円）近い弁護士費用が費やされたことも加えておこう。養育費の値が決まらないと「セパレーション・アグリーメント（別居協議同意書）」を手に入れることができず、これがないと「離婚」を成立させることができないという、妙なステップ方式のトラップにずいぶんとイライラさせられたことを憶えている。

そのうえ、署名され、裁判官に承認を受けた正式な書類（公正証書）さえあれば、養育費の支払いは、約束されたと信じていたナイーブなわたしは、後に、「家族法」にさらに詳しくなるチャンスを与えられることとなってしまった。

11　養育費の滞り

日本でも、同意書や公正証書を作成してあっても、養育費が滞ることはよくあるという。

そういった場合、子供の権利である養育費の支払いを求める措置を取るのは、親権を持つ親の「義務」である。「泣き寝入り」は法に背く行為だ。子供のために、面倒な手順を踏むことも、親として義務であると捉えなければならないだろう。

とはいえ、支払い側が無収入だったり、借金を抱えて自分もその日暮らしであったりしたような場合には、いくら決め事であっても、養育費を受け取る手段は皆無に等しい。

相手にきちんと収入があっても、催促状や話し合いでらちがあかない場合が多い。支払うつもりがあれば、問題が生じるはずはないのだから。

そこで、親としての義務を果たそうとする受け取り側は、健気に家庭裁判所の手を借りる。これは、口で言うほど簡単なことではない。気の遠くなるようなプロセスが待っている。そんな時間や気苦労を経て、やっと家裁の書記官から支払い側に直接「履行勧告」「履行命令」が出される。

こうして、はじめて給料の差し押さえなどの措置によって養育費が正当に支払われる運びに至る。

さて、カナダの場合をご紹介する前に、またまた住職の告白をお楽しみいただきたい。

「養育費」の話の中で、「共同親権」という言葉を使ったのだが、この「共同親権」について少々説明しておきたい。

離婚の二大関心事、「親権」と「養育費」の関連用語に「ジョイント・カストディ」と「シェアド・カストディ」というのがある。どちらも訳が、「共同親権」となってもおかしくないが、実はこの二つ、まったく別のものなのだ。
1. Joint Custody　両親が共に宗教、教育、医療等、子供にとって重要な決断を行う権利を有すという意味で、カナダではほとんどがこのケースだが、子供がそれぞれの親と共に過ごす時間の多少には無関係である。
2. Shared Custody　子供がアクセス権を持つ親と過ごす時間が四〇パーセント以上の場合をチャイルド・サポート・ガイドラインでは、「シェアド・カストディ」と呼び、たいていの場合、養育費の額が削減される。
わたしの子供たちは、約四〇パーセントの時間を父親と過ごす、したがって、「シェアド・カストディ」だ。

受け取る養育費の値が、ガイドラインで定められたものよりかなり低くなっている主な理由は、この「シェアド・カストディ」だそうだ。

これは納得のいくものではなかったのだが、弁護士の間を行ったり来たりする交渉が遅々として進まず、長い論争に疲れ果てていたわたしは、とにかく一刻も早く終止符を打ちたい一心から同意し、署名した。

わが子への養育費は、「セパレーション・アグリーメント」に署名するまでは、暫定値として、ガイドラインに基づいた金額が、毎月、チェック（小切手）で手渡されていた。

これは、すでに一年余り行われていたので、養育費の支払方法について、あらたに話し合われることはなかったし、まさか法的な後ろ盾を持って同意された養育費が、支払われないなどということがあろうとは、夢にも思わなかった。

12　カナダ式養育費取立て法

人生は、「まさか」があるからおもしろい。わたしの人生なんぞ「まさか」の連続大河ドラマだ。

半年後、養育費の支払いは遅れはじめ、その二カ月後には完全に消滅した。

このとき、わたしがしたことは、「元」夫に抗議することでも、弁護士の門をたたくことでもなかった。

当時のわたしにとって、この二者が世の中でもっとも関わり合いになりたくない人物だったのだ。

考えた末、意を決して、地元の裁判所内の「家族法相談所」に出向いたわたしは、必要な情報を手に入れることに成功した。

そこで知ったことは、裁判官に決定を委ねた「サポート・オーダー（支払い履行命令）」は、政府の養育費支払い施行機関であるＦＲＯ（Family Responsibility Office＝扶養義務事務所）に自動的に登録されるということだった。

すべてのサポート・ペイメント（配偶者扶養費、養育費）は、支払い者の給料からあらかじめ差し引かれてＦＲＯに送金され、ＦＲＯから直接、受け取り側の銀行口座に振り込まれるか、チェックが郵送されるという形で行われる。

裁判をしないで作成された「セパレーション・アグリーメント」も裁判所に登録し、ファイル番号を受ければ、個人でＦＲＯに申請、登録することができる。

やれやれ、だんだん「法律屋」みたいな言葉遣いになってきたが、駆け込み寺住職風にひらたく言えば、ＦＲＯとは、我々の税金でまかなわれている「取り立て屋」だ。

この取り立て屋、支払いが滞った場合、支払い者の銀行口座から預金を引き出したり、財産を抑えたりする権利を持っている。

そのうえ運転免許証を取り上げたり、クレジットビューローに通告して、ローンを借り出せないように手配したり、パスポートをキャンセルしたりすることもできる。

ＦＲＯは恐ろしく頼りになるが、決して敵には回したくない、やり手の取り立て屋なのだ。もうひとつ忘れてならないことは、一度登録を済ませたら、すべての取り立て業務は、ＦＲＯに一任されるということだ。

要するに、金銭の本人同士でのやりとりは禁止されるということになる。ともすれば、感情的になりやすい「元」配偶者との会話だが、少なくともお金の話だけはしなくて良い（してはならない）というのは、たいへん重宝なシステムだ。

この他にも政府はいろいろな形で子供のいる低所得者の経済的援助をしている。「ＣＣＴＢ（Canada Child Tax Benefit＝児童扶養手当）」や「ＯＣＣＳ（Ontario Child Care Expense Supplement＝オンタリオ州保育手当て）」がそれだが、詳しくは後に説明したい。

経済力がないから離婚できないと嘆く前に、「自分が本当に望むものは何か」という問いに真剣に答えてみてほしい。法律が新しい人生を応援してくれる。あとは自分自身の姿勢だけだ。

13　児童扶養手当

日本では、離婚後に支払われる養育費に関する法的なガイドラインがないことを紹介したが、一人親家庭に対する児童育成手当をはじめとする公的援助は充実しているようだ。

東京都の場合を例にとると母子二人家庭で年収204万8000円未満のとき、月額4万2370円が支給されている。子供二人目に対しては5000円が、三人目には3000円の追加支給となる。

これとは別に児童育成手当も支給される。こちらは母子家庭だけではなく、父子家庭も対象となり、子供一人に付き1万3500円が毎月支給されている。さらには、一人親家庭医療費助成という制度で、十八歳までの子供のいる片親家庭の医療費の自己負担分を助成している。

さて、カナダにも同様の公的援助がある。カナダ政府、および各州政府が支給する児童扶養手当、CCTB（Canada Child Tax Benefit）について簡単に説明しておきたい。

CCTBとは一般に「ベイビー・ボーナス」として知られているもので、十八歳以下の子供と同居し、養育している個人が受けられる手当てだ。これはシングル・ペアレントに限らず、子供を育てている低所得家庭を対象に設けられている。支給額は所得申告書に基づいて計算されるため、たとえ所得がなくても（無所得であることを証明するため）申告が必要となる。

支給額は、税務署がはじき出してくれるのでまかせておけばよい。とは言っても、数字を知りたいのは世の常、人の常。読者の好奇心を満たすのが、私の務め。以下は住職の研究報告だ。

二〇〇六年度のオンタリオ州の計算例を挙げてみよう。ファミリー・インカム、つまり家族単位での総収入が2万ドルで、子供が二人の場合、月額514ドルが支給される。また、年収が3万ドル場合には332ドルとなる。年収が減るごとに支給額は増え、また年収3万ドルを超えた場合も一定の金額までスライド式に減りながら支給される。

CCTBの申請法だが、カナダ生まれの子供の場合、生まれた病院で申請書を受け取り、手続きを行う。日本生まれの子供の場合、移民の書類を添付し、税務署（CCRA-Canada Customs & Revenue Agency）に申請書を提出することができる。夫との同居中は、夫の収入のため家族単位での所得は高く、このCCTBの対象にならなかった母親も離婚（別居）によって資格を得る場合が多くある。別居をはじめた年度の所得申告の際、別居を通告すれば、その年の七月から支給が開始される。残念ながら、別居後、すぐに受け取れるものではない。

もうひとつ、前回ご紹介したOCCS（オンタリオ州保育手当て）だが、こちらは、その名のとおりオンタリオ在住者で、七歳以下の子供を認可された保育機関に預けて働く人の保育費の一部を援助するというものだ。CCTBを受けていることを条件に（つまり所得申告を条件に）七歳以下の子供一人につき、年間上限1310ドルまで支給される。もちろんこれも収入が一定のレベルに達した時点で消滅するが、たいていのシングル・ペアレントにとっては、たいへん有難い措置だ。

離婚を考える時、まず大きく立ちはだかるものは、経済的困難であることは間違いない。しかし「金は天下の回りもの」。何より大切なのは、ポジティブな姿勢であろう。政府の援助なんか受けなくてもよくなるよう精一杯がんばろう。というのが、あるべき姿だと思う。

離婚＝子供のこと、お金の問題、愛憎劇、悲しみ、怒り—そして、人生のひとつの章に幕を閉じる。その後訪れるのは、ほっとした、すっきりしたといった満足感、達成感かもしれないし、本当にこれでよかったのだろうかといった後悔や罪悪感の場合もあろう。

やっと一歩踏み出したばかりの新しい人生に対する不安や焦りを含む、「ああ、いったい人生ってなに？」と、ともすれば哲学的になりやすいのが、離婚前後の心理状態だ。

そうなのだ。離婚に伴うもうひとつの問題に、「精神のよりどころ探し」がある。これには法律は役立たない。

第二章　自分探し

1　心の体験記

夜が怖い。そんな経験がおありだろうか。仕事や子育てに追われ、他人と接することも多い日中は何とかやり過ごせる。が、ベッドタイム、医者に処方してもらった催眠剤を口の中に放り込む。待つこと二十分、もう一日、もう一日頑張るために蒲団にもぐりこむ。真夜中、息苦しいほどの不安と共に目が覚め、枕元の目覚ましに手を伸ばす。昨日も二時だった。おとといも、その前も。どうして計ったように同じ時間に目が覚めるのか……そんなことにさえ不安が募る。

離婚の決意から「Divorce Paper（離婚受理証明）」を手に入れるまでの道のりについて一通りの説明を終わったように思う。

けれども、本当の道のりは心の中にある。たとえそれが自分の選んだ決断だとしても先行きの不安は否定できないだろう。

もしその別離が、望んだものでなかった場合には、加えて、「失意からの立ち直り」という試練を迎える。

離婚とは婚姻関係を解消することのみならず、今まで描いてきた未来と決別するということだ。

ひとつの夢の死、ある未来の消滅、それは取りも直さず、新しい夢の誕生なのだ。けれどもそれは、けっして希望に満ち溢れた楽しいものではない。

深い傷から立ち直るための最強の味方は自分自身だ。人生におけるプライオリティ（優先事項）を把握し、心のバランスを保てれば、この暗いトンネルは光差す新天地に続いていると思えるだろう。自分を許し、信じ、励ますことが出来れば、トンネルの出口はすぐそこだ。

逆に、このベストバディ『自分』が宿敵になることもよくある。

後悔や怒りや悲しみや恐れを振り払うことが出来ず、相手を責めたり恨んだり、あるいは逆に自分を責め、否定したりする。

挙句の果てに、最悪のケースを想像し、どんどん深みにはまってしまう。まるで暗闇にひとり残されたようで、トンネルの入り口すら見当もつかない。

「離婚法律の手引き」から、「セルフヘルプブック（自己啓発本）」へ変身を遂げたかのような今回の「駆け込み寺」だが、題して「離婚―心の体験記編」、住職自身の心の道のりをお聞かせしつつ、離婚から何が学べ、どう成長出来るかということを考えてみよう。

わたしが、離婚という決して望ましくない人生の転機を迎えた時、まず悟ったことは、「こいつは一人では乗り越えられないぞ」ということだった。

生まれて初めて、他人の助けを求めた。それまでのわたしは、人に心を開くことが苦手で、すべての悩みや苦しみを自分の中に閉じ込めてきた。

そんなわたしが医師に相談し、カウンセリングを受け、サポート・グループに参加した。どのひとつをとっても、以前のわたしには考えもつかなかったような行動だ。思えば、それがトンネルの入り口だったのだろう。

医師は、眠れないわたしに催眠剤を処方してくれた。それによって、少なくとも眠りにつくことだけはできるようになった。

ただし眠りは浅く、夢ばかりみた。たびたび真夜中に、まるで心臓がえぐられるような恐怖感と共に目が覚めた。

話を聞いた医師はカウンセリングを受けるように勧めた。藁にもすがる思いで、初めて出かけたカウンセリング・セッションをわたしは生涯忘れない。

たびたび、ティッシュペーパーの助けを借りつつ、やっとの思いで「かわいそうなわたし」の話をし終わった時、カウンセラーが静かに言った。

「これから話すことはとても単純なことです。毎日、自分で自分に『わたしは幸せだ』と言い聞かせなさい」

この意味が解るまで、なんと長い年月が費やされたことだろう。このカウンセリングから五年ほどかかって、やっと「な〜るほど、そうゆうことか」と、思えるようになった。

「自分の幸福の責任は自分にある。自分が幸せでないのは他人のせいだと感じているとしたら、それこそ不幸の根本的な原因だ」

単純明解な洞察だが、単純と簡単を混同しないでもらいたい。この方針に従って生きることは生涯の目標だ。

たとえば、離婚という夫婦間の最悪の出来事ですら、相手側の非だけでなく自分側の非も認識し、冷静で前向きな態度を保てたら、過去を過去のものにし、自分自身の足で未来に向かって歩き出すことができる。そして、自分の人生に責任をもつことができる。

今でもわたしは、ともすればこれを忘れ、事あるごとに誰かを責めたり、自分に自信が持てなかったりと右往左往している。けれども、人生のハードルを迎えるたびに、わたしはこの歌をうたいながら越えてゆく。

「一日一歩、三日で三歩、三歩進んで二歩さがる」

「遠くを見ない。今日だけをいい日にすることを目標とすること」

「深刻にならない。明るく振る舞え。どうせ考えるなら、明るい未来を想像すること」

これらが、住職のぜったいお勧めアドバイスだ。

2　心のサポートシステム

自分をさらけ出して生きることへの賛否はともかく、わたしがあえて我が離婚体験を紹介していることには理由がある。

他人に自分を知ってもらうことで、自分を知ることが出来る。他の役に立ちたいと願うことで自分の役に立つことが出来る。

かの禅問答「手をたたいた時の音は、右手の音か。それとも左手のか」の解釈はそれぞれだろうが、一方の手だけでは決して音は出ない。

他人との関わり合いの中で、なにがしらの、願わくは調和のとれた音を奏でながら生きてゆきたいというのが、わたしのささやかな願いだ。

「心の体験記」で、離婚後の生き方についてのお話を始めたのだが、今度はもう少し詳しく、心のサポートシステムの築き方を紹介してみたい。

まず、最も頼りになる一方、以外に面倒なのが、父母、兄弟などの家族だ。

家族は心底、親身に心配してくれる。しかし、あまりの感情移入のため、離婚相手をののしることに終始しがちだ。したがって、ネガティブな感情に拍車をかける恐れがある。

自分のために本気で怒ってくれる人がいることは、ありがたいことだが、これはあまり前向きな姿勢とはいえないだろう。

幸か不幸か、自分の子供以外の家族が身近にいないのは、異国に住む者にとって、珍しいことではない。

日本にいる両親や兄弟はあまりに遠く、またカナダ式の離婚事情など理解しないのが普通だ。

家族がそばにいないのはさびしいことだが、外野を心配することなくマイペースを保つことができるのはありがたい。

「ひとりぼっちで、頼る家族も無く、つらい思いをしなきゃならないなんて、かわいそうなわたし……」と自己憐憫ムードに陥った時、この家族のいない気楽さを思い出してもらいたい。

家族に代わって、あるいはもっと頼りになるかも知れないのが友人たちだ。わたしが離婚によって得た最大のものは友だちだった。

それまでただの知り合いだった人々が、心を打ち明けたその日から友だちになった。幾度も辛い時を助けられた。友だちなしでは決して乗り切れなかっただろう修羅場もいくつもあった。

けれども、忘れてならないのは、友だちとは、話（ぐち）を聞いてもらう人であり、泣くための肩を貸してくれる人だということだ。自分の行く道を友達に導いてもらうことを期待するのは、何の役にも立たないばかりでなく、相手に対して大変な負担を与え、ひいてはその友情にひびを入れることにつながる。

大切な友情を長く保つためには、自分から心を開くことと同時に、相手に安心して心を開いてもらえる自分になることだ。そのためには、明るくて軽い心を保つ努力を欠かさない必要がある。

これは男女の仲にも当てはまることで、いつか新しい相手にめぐり合った時、かならず役立つに違いない。

親友も恋人も（夫も妻も）一緒に歩いているだけで、松葉杖のごとく支えてくれるものではないという事実を自覚してほしい。自分を支えられるのは、我と我が足のみなのだ。

家族や友人とよい関係を保つためには、大人の節度を守ることが大切だが、では、いったいどこで、自分の中にある、あらゆる感情を引き出し、整頓することが出来るのだろうか。

これは思っている以上に重要なプロセスで、人生の曲がり角に立つ人が、この作業をせずに先に進むと、かならず、いつかまた、整理整頓のチャンスがやってくる。

チャンスは何度でもやってくる。が、決して楽しいものではない。だから、なるべく早い時期に自分の生き方のフレームワークを済ませることをお勧めする。

人生の在庫一掃、棚ざらえを決意した時、考えてもらいたいのがカウンセリングだ。これは、わたしたち日本人にはもうひとつなじみの薄いものだが、心の問題をまかなうプロたちによるサポートは、ぜひ活用したいものだ。カウンセラーたちは知識を得、経験をつんだ専門家なのだから。

カウンセリングのもうひとつの利点は、彼らのアドバイスは、先入観のない完全に公平なところからくるものだということだ。誰かを責めることなく自分自身に焦点を当てられるよう導いてくれる。それによって、くもり空が次第に開けてゆくように、より明瞭な視野が開けてくるはずだ。

カウンセリングの問題点は費用だ。ちなみにトロント地区の一セッション（一時間）の相場は百二十ドルくらいだろう。

社会保険などで、ある程度カバーされている人ならともかく、何かと物入りな離婚前後の経済状態で長期のカウンセリングを受けるのは難しいかもしれない。

しかも自分にあったカウンセラーをみつけることはやさしくはないが、いくつかのヒントを紹介しておこう。

1．ファミリードクターに自分のニーズを伝え、紹介してもらう。

2．友人、知人にたずねる。

3．地元の電話帳、又は市役所、図書館などの公共施設でコミュニティーサービスの情報を入手する。（公共サービスのチラシが用意されているはずだ）

3では、「カウンセリングなんて経済的な余裕はないわ」という方も無料、又は低料金のサポートを見つけることが可能だ。

もうひとつ、私が人生の角番を乗り切るためもっとも役立ったものに「サポート・グループ」がある。これは住職の「花まるお勧め品」でもあるので、後にたっぷりと紹介させていただく。

何はともあれ、一人で苦しまないで、自分のまわりにサポートシステムを築くことはとても大切だ。

あなたが手を差し伸べないかぎり誰もあなたの手をつかむことは出来ない。人と関わり続けることが、心のバランスを保つ最も効果的な手段だと信じている。

3 カウンセリング

今年五十歳になったばかり会計士。銀婚式を翌年に控えていた。大学生の娘が二人。二ヵ月前、夫から突然の別居宣告。何もかもすべてうまく行っていたはずの結婚生活の崩壊に圧倒され苦しむ。

主婦。夫の浮気が直接の原因で、長年の不幸な結婚生活に終止符を打つ決心をした。子供たちは高校生。別居して九ヵ月。自営業の夫はビジネスの不振を言い訳にサポート・ペイメントを渋っている。

四十代の薬剤師。十四歳の時知り合って以来のハイスクール・スイートハートとの結婚。夫は高校教師。十二年前、夫の酒癖が原因で離婚。高校生になった息子の非行問題に悩む。その息子と元夫との関係や自分自身の心の問題が解決し切れていないと感じ、離婚後、長い年月が過ぎているにもかかわらずグループに参加。

そして、わたし。やっと現実逃避の段階を抜け出し、前進を決意したものの遅々として進まぬセパレーション・アグリーメントの交渉に苛立ち、悶々とした日々を過ごしている。別居歴半年。

以上が、「離婚サポート・グループ」のメンバーだった。

友人に勧められて相談に訪れたのは、必要と認められれば誰でもカウンセリングを受けられる非営利組織だった。「カソリック・ファミリー・ライフ」と呼ばれるその組織は、ユナイティド・ウェイ等の支援によって運営されており、それぞれの状況や収入に応じてわずかな費用でカウンセリングを受けることができた。

「あなたにぴったりのグループがあります。離婚や別居のさまざまな問題に悩む人たちの集まりで、きっと役立ちますよ。ぜひ参加してください」

一週間に一度、二時間。八週にわたるグループミーティングの参加費はわずか八十ドル。「離婚からの立ち直り方」式のレクチャーではなく、リラックスしたオープンディスカッションだという。

幼い子供を持ち、夜間の外出をためらうわたしに、グループを導く進行役のカウンセラー、スチュワートが、「おいでよ。後悔しないよ」と言ってほほえんだ。

そして二週間後、わたしは生まれて初めてのサポートグループ・ミーティングに出かけて行った。

離婚のそれぞれの段階で悩み苦しむ者たちは、言葉を尽くして説明することなく互いの気持ちや置かれている状況を理解し合うことができた。

たとえ、どんなことを打ち明けようと、批判されることなく受け入れてもらえるという安心感がそこにあった。

進行役のリードは、常にタイミング良く、冷静で知識深かった。今の自分の感情や行動がどんなに感情的で、子供っぽく見えたとしても、それが人生の崖っぷちに立つ者にとっては、ごくあたり前のことだと教えられ、励まされた。

回を重ねる毎に聞くそれぞれのストーリーの中に、おどろくほど簡単に指摘できる他人の間違いや落とし穴をみつけた。おかげで、それまで分からなかった自分の間違いが、また決して間違ってはいなかった言動が、同時に見えてきた。

少しずつ、だが確実に「何が起こっているのか。なぜ起こっているのか。そして、これから何が出来るのか。どうしたらいいのか」ということを学んで行った。

カウンセラーのスチュワートとは、その後も報告を兼ねたカウンセリング・セションを時々行っている。

わたしにとってのカウンセリングとは、教えを請うたり、示唆を受けたりするものではなく、人生のハードルを越えるための掛け声みたいなものだ。

そのときどきの自分の思いを言葉にしてプロのカウンセラーに聞いてもらうことで、心の均整を保ち、必要なら軌道修正をするという役割を果たしている。

離婚問題を含み自分では抱えきれない荷を背負った時の「正しい救いの求め方」「正しい心の開き方」は、その後の人生を左右するといっても過言ではない。

辛く苦しい経験は、いつか時が癒してくれるにちがいない。けれども、その経験から学び、成長してゆくということは、時の力だけでまかないきれるものはない、と思う。

本を読む。日記や手紙を書く。人と話す（人の話を聞く＋人に話す）。友情を育てる（手を差し伸べる＋差し伸べられた手をつかむ）。カウンセリングやグループセッションに参加する。これらはどれも大切な心の栄養だ。欠かさず摂取してほしい。同じ間違いを二度と繰り返さないために。

さて、心のサポートシステム、今後は、離婚が子供たちに与える影響とその対処法について話を進めてみたい。

4　離婚が子供に与える影響

離婚は当事者のみならず、まわりの者たちにもさまざまな波紋を投げかける。中でも最も心を痛めるのは子供たちだ。そのことを一番よく知っている親は、自分たちの愛憎劇にも増して我が子の心情や行く末を考え、悩み苦しむ。

離婚を考える夫婦は、二人の間に子供さえなければ……と思うだろうし、子供たちのために離婚を踏みとどまるカップルもあるかもしれない。

離婚が子供たちに与える影響について考える前に、まず、「子供は親のものではない」という親子関係の基本を思い出していただきたい。

ご存じのように、子供は親の思うように育たない。が、子供は親の背中を見て育つ。親が何をしても（離婚しても）、それが自分自身にとって最良のものであると確信してなされたものであったなら、子供たちは大丈夫だ。

子供にとって最も必要なことは、親の大丈夫な姿を見て育つことだ。親が常にポジティブな姿を保っていれば、子供たちは、両親の離婚という最大の不幸さえ乗り切ることができる。

自分に自信のある親は、子供たちを安心させ、安定させる。

もちろん、これは、わたしが大丈夫じゃなかったから言っていることで、夫の別居宣言からしばらくの間、わたしは情けないほどうろたえていた。嘆き悲しみ手放しで泣き暮らした。それでも二歳と四歳の子供たちの前では何とか取り繕っていたが、十六歳だった長女にはかなりの負担をかけてしまった（らしい）。

九歳の時、日本から連れて来た長女は、人なつこくて聞き分けがよく、誰からも好かれる明るい子だった。それまで親に心配などかけたこともなく、学校の成績もよかった。放っておいて大丈夫だと思った。十六歳にもなれば、幼い子供を抱え、頼る親兄弟もない母親を思いやるのは当たり前だと、わたしは心のどこかで思っていたに違いない。

そして長女は、そのわたしの思いを裏切らなかった。幼い妹の世話も進んで手伝ったし、めったに愚痴も言わなかった。

けれども、半年ほどたった頃から少々様子が変わってきた。夜の外出が増え、帰宅時間が遅くなった。翌年、念願の運転免許を手にしてからはますますひどくなった。

それまでトップクラスだった成績は地に落ち、出席率さえも低下していた。好ましくない仲間と付き合うようになり、母子げんかの絶える日がなかった。

それは、親権や財産分割をめぐる夫との争い、将来に対する不安など、目いっぱい問題を抱えていたわたしに、まるで追い討ちをかけるような出来事で、わたしは途方に暮れた。

言えば言うほど反抗され、反抗されればされるほど口うるさくなっていった。

そんなある日、わたしの車を運転していた長女が小さな交通事故を起こしたという連絡があった。まもなく、運転していたのは無免許の男友だちだったことが分かり、わたしは切れた。

その日のうちに、わたしは、長女のため日本行き片道切符を買った。それから半年間、長女は東京の父親のもとで暮らした。カナダに戻った後も、わたしとの同居には成功しなかった。

それから二年後、一年遅れて大学に入った長女は、我が家に帰ってきた。

その後長女とは、長い間のあつれきを乗り越え、それなりに仲良くやっている。

離婚当初、この長女が実はひどく傷つき、どんなにか心のよりどころを探していたに違いないと思うと心が痛む。しかし、日本行きの片道切符を買った時のわたしは、これがわたしたち親子にとって最善の道だと信じていた。

親が子供のために言ったりしたりすることは、すべて子供のためを考えてなされている

（はずだ）。だから、子供たちが親の思いどおりにならない時は苛立ち、怒り、子供を持ったことすら疎ましく感じる。

しかし角度を変えてみれば、これは親の自信のなさの表れだ。子供を信じる自信もなければ、子供ときちんと向き合う自信もない。

それでも子供のことが心配でしょうがないから、子供が苦労する姿を見たくないから、あれこれと口を出してしまう。

あるいは、自分がこうしたから我が子がそうなったとか、あの時ああしておけばこの子はこうならなかったのにとか、意味もいわれもない罪悪感にさいなまれたりもする。

子供は親のものではないし、その人生は子供のものだ。親がどんなにがんばっても、結局はなるようにしかならない。

親にできる唯一のことは、いつどんな時も常に子供の応援団長であることだ。

子供たち、この世の何よりも自分の命よりも大切なもの、だから大切に扱おう。

大切にすることと甘やかすことは違うことは、あえて口に出すまでもないだろう。が、「子供のため」という大義名分には、言い訳じみた自己満足が嗅ぎ取れる。

子供のために（それだけの理由で）離婚を踏みとどまる親よりは、自分のために我が道を行く親のほうが、眺める背中としてははるかに美しいものに違いない。

母親としても完璧からほど遠いわたしだが、せめて子供たちにいい背中を見せつつ人生を送りたいと、今更のように思うのだ。

5 幸せな結婚に必要なもの

わたしは、離婚の乗り切り方について語ってきたが、もちろん本当に必要なことは、「離婚をどう乗り切るか」ではなく、「どうしたらしあわせな夫婦関係を保つことができるか」ということだ。

ここで忘れてならないポイントは、「しあわせな」という部分だ。

宇野千代さんは、人生において四度の結婚を経験した。ということは、三回離婚したということで、日本の、しかも宇野さんの世代を考えると記録的な数字ではないかと考える。

その宇野さんが、いくつかの著書の中でご自分の離婚理由について語っておられる。

「私は、A、B、Cと三人の夫を持った。私は、離婚原因は互いの相性や相手方の性格や言動のせいであって、相手を変えさえすればうまくいくと思っていた。けれどもあるとき、三度にわたる離婚の唯一の共通点は『自分』であることに気がついた。つまり、どの離婚も、コツンとあたるコブは常に同じ所で、そのコブがとれないかぎり、何回でも同じ事が起こるに違いないのだ」

と、いったような話だ。

これには見事なまでの真実と、「コロンブスの卵」的な洞察が含まれている。

宇野さんいわく、相手が浮気を始める頃には自分も浮気をしていたか、少なくともしたいなあと思っていた――つまり、互いに他の相手に結婚生活に欠けていた部分＝「恋愛」を求めていたというのだ。

結婚した相手に恋心を持ち続けられなかったこと、それが宇野さんのおっしゃる「コブ」であるらしい。

「しあわせな」結婚生活に必要なものは、（メモのご用意はお済みだろうか？）ロマンスと友情だ。

まるで二本立て大巨編の映画のようだが、つまるところ相手への恋心と友情を保てれば、離婚は決してありえない。たとえどんな不幸が二人の上に振りかかろうと大丈夫だ。

子供がグレたり、どちらかが酒びたりになったりといった類の不幸は起こりえもしないだろうし、失業や病気などの災難だって乗り切ることができるはずだ。

ごく身近な友人に、離婚後も近所に住み、子供たちが自由に行き来し、子供たちや互いの生活に起こったことを毎日のように報告し合い、週に一度は一緒に夕飯を食べ、たまには四人で遊びに出かけることもある、という人がいる。

周囲の人々からはヨリを戻したとよく誤解されるらしいが、一向にそんな気配はなく、二人ともこの状態が互いにとって、そして子供たちにとってもベストだと信じている。

この二人は、離婚前から喧嘩なぞしたこともなく、離婚も協議離婚でスムーズに成立した。誰もが、なぜ別れてしまったのかと首をひねった。まわりの夫婦の誰よりも仲のよかった、そして今も仲のよい二人だからだ。

けれどもわたしはこの離婚の理由がよく飲み込める。この二人の関係は、まるで仲のよい兄妹が結婚しているようなものだったのだ。

誰もがうらやむ理解ある妻と頼りがいのある夫、限りなく完璧に近い母親と父親、そして親友同士。それでも二人は離婚を決めた。

「Something is missing（何かが欠けている）」というのが、この夫婦の離婚原因だった。あきれるほど贅沢で貪欲なまでの正直さに、わたしはかぶとを脱いだ。このとき初めて、ロマンスというものがいかに「しあわせな」結婚生活に不可欠なものであるかを知った。

ロマンスは、結婚生活を保つためには見過ごされがちな条件だ。なぜなら、我々のほとんどはそんなものだとあきらめてかかるし、仕事や子供といった日々の生活に追われるうちに後回しになりやすいものでもある。

人によっては、特に多くの日本人にとっては、口に出すのさえ気はずかしい（ばかばかしい？）ものですらあるらしい。

けれども、星の数ほどある離婚原因のもとのもとをたぐりよせてみると、相手に対する恋心の消滅というものがきっと顔をのぞかせるだろう。

さて今度は、もうひとつの結婚持続必須項目である友情について、じっくり考えてみたい。実はこれ、ロマンスの持続よりもっと努力を要するものらしい。

6　夫婦の友情

しあわせな結婚生活のため、互いに対する恋心がいかに大切かということを考えてみた。もうひとつ、どうしても必要なものに友情がある。

広辞苑によると、「友情＝友だちの情愛」とある。なんかピンとこないので、こんどは「情愛」をためしてみる。「情愛＝なさけ、いつくしみ、愛情」。

友情とは、友だちのなさけや、互いをいつくしむ心だ――というところだろうか？

うーん。

かみくだいた表現を求める時は、広辞苑よりロングマンが味方となる。ごらんあれ。

「friend＝someone who you like very much and like to spend time with（とても好きで一緒にいたい人）」

相手が好きで、一緒にいるのがとっても楽しかったら、結婚生活は申し分ないだろう。

だがしかし、毎日寝起きや食事を共にし、現在だけでなく将来の展望までも共有する二人にとって、「○○ちゃんが大好きだからいつも一緒なんだぁ」式のお友だち関係は、成り立たない。

互いの一挙一動が、敏感に毎日の暮らしに反映してしまう関係においての友情とは、それほど無邪気なものではないからだ。

真の友情には、愛情一般についてよく言われる「無条件さ」が必要だ。もう一度ロングマンの助けを借りると、

「unconditional＝not limited by or depending on any conditions（条件によって左右されない）」

長所、美点を好きになるのはたやすい。そんな部分に惹かれ、相手に興味を持ち、恋心が芽生え、やがて結婚にまで至った。

言うまでもなく、短所、欠点と付き合うのは楽しいことではないけれど、そのウィークポイントさえも全体として、その人をとても魅力的にしている要素の一つだと考えることができれば、相手のいやな部分が顔をのぞかせるたびに反発することもなくなるだろう。

多くの場合、その人のいいところと足りないところは切り離せないものだ。表裏一体といったところだろう。

昔から「恋は盲目」といわれ、恋愛においては相手の欠点が見えにくいものだ。しかし友情は違う。欠点が見え、欠点を許し、受け入れようとする優しさや辛抱強さから真の友情は生まれる。感謝の気持ちを忘れず、尊重し合いながら、喜びを分かち合い、憂いを支え合うのが友だちだ。

残念ながら、夫婦関係では、こうあってほしいという期待やこうしてほしいという要求が先に立ちやすい。相手は自分のものだと言わんばかりに理想を押し付けることに躍起になり、顔をみれば愚痴か、嫌みか、文句しか出てこない。感謝や尊重などという言葉は結婚生活の中から欠落し、相手の立場にたったり気持ちを酌んだりなどという感性は、かけらもなくなってしまっている。

この次、夫婦げんかが始まりそうになったら、一分、いや三十秒でいいから、立ち止まって考えてもらいたい。

「もし、この人が親友だったら？」

たいていのけんかは、実に些細なことから始まるようだが、その手のけんかは、突入することなく終わるに違いない。また、たとえかなり深刻、重要な問題でも親友となら、なにかしらの妥協案にたどり着くはずだ。

長年夫婦をやってきて、いまさら親友になれというのは、決してやさしいことではない。けれども、しあわせな結婚生活を末永く続けるため、あらためて「友情」を育てることは、想像以上に大切なことだ。

結婚とは（少なくとも現代のこの国での結婚とは）そもそも「この人といつも、ずっと一緒にいたい」と思ったからするものだろう。

結婚の決断は、自分との真の相性を見極める前の「恋は盲目」の時点で決めるものではない。互いの良さも足りなさも十二分に見極めた上で、それでも一緒にいたい、その欠点すらも愛すべきものだと感じられる「あばたもえくぼ」の心境に達した時、はじめてたどり着くものこそ結婚であるべきだ。

そして、その「あばたもえくぼ結婚」を支えるのが、ほかならぬ「友情」であることは、いうまでもないだろう。

7　幸せな結婚への鍵

結婚生活を支えるものとして、友情とロマンスの大切さを考えてみた。

あらためて言えることは、結婚生活の持続は、離婚を乗り切ることよりはるかにたいへんな努力を要するということだ。

離婚、それが最善だったかどうかは五年先、十年先の当人の幸せ度が示してくれる。つまるところ離婚の是非を論ずることには意味がない。

離婚をするもしないも、単にしあわせ探しの道のりのひとつで、そのターニングポイントは、決意することだ。心を決めてしまえれば、あとはゴールに向かい、あせらず、力まず、そして迷わず進めばよい。

さて、その決意が離婚であった場合、そのストレスを最小限に抑えるためのヒントが「駆け込み寺」のテーマであった。

拙筆によって離婚を考え直し、結婚生活の持続を決意した読者もあろうかとの期待に胸ふくらませ、今後のテーマを「役に立つ結婚生活長持ち法」または、「初心者のためのしあわせな結婚生活」と決めることにした。またしばらくお付き合い願いたい。

結婚生活の崩壊は配偶者への失望からはじまる。

相手をなんとかして思いどおりに変えようと実らぬ努力を繰り返し、そのうち怒りとあきらめの中で相手がこの人でさえなければうまく行くはずだと思いつく。

しかし、夫（または妻）に失望したからといって即離婚する人はまずいないだろうし、もしあったら尊敬に値する。

たいていの者は重大な決断から焦点をそらし、面白くない日常を何とかしのごうと一人だけの趣味に没頭したり、浮気をしたり、お酒やギャンブルに逃げたりする。

離婚の原因としてよくあげられる家族をかえりみない身勝手な言動や浮気、飲酒や暴力なども、実は配偶者への失望に帰する。

どんなに魅力的な異性もエキサイティングな遊びも、健康で満ち足りた、しあわせな結婚の敵にはなりえない。

さて、この究極の離婚原因「配偶者への失望」をタックルするため、まず、「失望とは何か？それはどうして起こるのか？」について考えてみよう。

ここでいう失望とは、期待にそわぬこと、あてがはずれることだ。これが高じて、読んで字のごとく将来に対する望みを失い、離婚を考えるようになる。

では、いったい結婚に何を期待し、配偶者の何をあてにしていたのだろうか。

人はみな苦手なことがあり、短所や欠点を抱えている。そして誰もが足りない部分を埋めてくれる何かを無意識のうちに求めている。

だから異性に魅力を感じる際、相手が自分に不足しているものを持っていて、一緒にいることで自分がより完璧に近くなると期待する。

何かに理想を見いだし、思いを寄せることを「あこがれ」と呼び、初期の恋愛感情にとって、外見的魅力とともに大きな要素を占めている。

「あこがれ」の同意語は、「思い込み」なのだが、恋する男女には見分けるすべがない。不思議なことに、思い込んだ途端にものごとは、その人にとっての事実と化するからだ。

だから、ただ憧れに浸っていればよい恋愛から、さまざまな現実と直面しなければならない結婚生活に移行するとともに、「こんなはずではなかった」という「失望」が顔をのぞかせ始める。

「うちの人はすっかり変わってしまった」とか、「わたしは、だまされた」などという思いはここからやってくる。

ここまで読んでいただければ、言わんとするところはすでに分かっていただけただろう。「失望」の原因は自分の中にある。「相手に憧れ」＝「理想の人だと思い（込み）」、その理想の人物を愛し結婚する。そして現実が見え始めると、何の疑いもなく、自分はまちがった相手を選んでしまったと考える。

「BIG MISTAKE!!　大間違い」だ。

しあわせな結婚の鍵は、正しい相手を選ぶことではない。自分自身が正しい相手になることだ。

結婚とは、膨大なエネルギーを要する大変なものだ。結婚生活が要求するコミットメントを満たし、試練に耐え、そして共に生き、成長してゆきたいという強い意志を保つのは一筋縄ではゆかない。

というわけで、今後はしあわせな結婚生活のための心構えとテクニックについてたっぷりお付き合いを願うつもりである。

8　住職の結婚生活、告白編

「しあわせな結婚生活のための心構えとそのテクニック」という大テーマのスタートにあたり、久々の住職告白編でまずお楽しみいただこう。

わたしの最初の結婚は二十代の初めだった。当時追いかけていた夢が、どうやら夢でしかないらしいと思いはじめた頃出会った最初の夫は、ひと回り以上も年上の成功した会社経営者だった。雲をつかむような当てのない夢を語る学生時代の男友達に比べ、彼の夢は実現を前提にした「計画」だった。

独創的で刺激的な言動を見るにつけ、この人と一緒ならきっとすっごく面白い人生を送れると、若かったわたしは思ったのだろう。自分の将来に不安を持ち、迷っていたとき、「ライフスタイル品質保証付き」の彼の愛情は、若いわたしの虚栄心も満たしてくれた（らしい）。

しかし、彼の語る夢は、彼のものであってわたしのものではないと気付くのにたいして時間はかからなかった。彼の熱い夢で、わたしが温まることはなかったのだ。翌年、長女が生まれてからは、まるで坂道を転がり落ちるように互いの間は冷えていった。ペースの違いは、致命的で、互いの気持ちはすれ違うばかりだった。それから五年後、わたしたちは、疲れきって離婚した。
唯一の救いは、結婚生活にあまりにくたびれ果てていたため、むずかしい離婚をする気力も体力も残っていなかったことだ。その離婚はまるでろうそくの火が消えていくような、いわば老衰離婚だった。「そろそろだね」「いよいよね」みたいな、それはあっけない離婚だった。

教訓1　自分の人生観がぼやけているとき、よく見えそうな他人のめがねをかりてもやっぱり何も見えはしない。

一児を抱えて離婚したわたしに、二度目の結婚はシングル（マザー）ライフ？を楽しむ間もなく訪れた。離婚届が出されてから数ヵ月後に知り合った二度目の夫は年下で、外人で、そのくせあきれるほど地に足の着いた、堅実を絵に描いたような青年だった。家族を愛し、友達を大切にする姿を目にして、この人と一緒ならきっとすっごく安定した人生を送れると、疲れていたわたしは思ったのだろう。自分の将来に不安を持ち、迷っていたとき、この青年のためらいのないまっすぐな愛情は、居心地のよい安心感を抱かせてくれた（らしい）。
がしかし、堅実とは保守の双子の兄弟であることに気付くのにたいして時間はかからなかった。彼の堅実さでわたしが満たされることはなかったのだ。翌年、次女が生まれてからはだんだん距離ができ、どんどん溝は深まっていった。価値観の違いは致命的で、互いの一挙手一投足が気に障った。それから五年の恐ろしくつまらない、喧嘩の絶えない結婚生活に加えて、別居後二年余りの精神衰弱ぎみの実にみっともない争いの挙げ句、わたしたちは疲れきって離婚した。

唯一の救いは、それがわたし自身の自分探しのきっかけとなったことで、こうしてその記録を残すという幸運にも恵まれた。

教訓2　他力本願を続けるかぎり、何度相手を取り替えても結果は同じである。

「結論」わたしが結婚に求めたものは現実逃避で、わたしの結婚に欠けていたものは結婚に必要なもののすべてだった。

「目標」しあわせな結婚の（幸せな人生の）鍵である正しい相手になるために、自身の足でしっかり立てるしあわせな自分になること。

さて、この目標を踏まえた上でのテクニカルサポートが、住職の次なる使命で、今後はさまざまなケースを紹介していくことにしよう。

9　夫婦の訂正癖

先日、友人の五十歳の誕生パーティに出かけた。カナダでは、大人でも誕生日を祝う。特に「十」の付く年は、日本の還暦並みに大々的にパーティを開き、家族はもちろん、大勢の仲間を招き祝うことが多い。

家族や親しい友人が、誕生日を忘れていたりすると大変なことになる。夫婦の間では言うまでもない。妻の誕生日を忘れてしまったために、いつもの何倍もする宝石を買う羽目になった夫を、わたしは何人か知っている。

さてこの友人夫婦は、数年前に銀婚式をすませたハイスクール・スイートハートで、まるで漫才コンビのような二人の会話にはいつも心が和む。

まさに親友同士の二人に、わたしはいつも夫婦の姿の理想を見る。うらやましくもほほえましいカップルなのだ。

このパーティで、わたしは初対面の中年夫婦と同席した。

「朝、出かける前にオーブンのタイマーをあわせていくのよ。なんせ一時間半もかかるんだから……」

妻、自慢のキャセロールの話だ。

「そんなにかからないよ。一時間十五分さ」

と、夫が訂正した。

同じパーティでの別のグループ。ある男性が何か面白おかしく体験談を語っている。話の落ちで、「まわりにいた二十人ぐらいが、いっせいに振り返ったんだよ」と、結んだ。面白い話だったのだろう。どっと笑いが起こる。が、その笑いが消えぬうちに妻が正した。

「ちがうわ。十五人よ」

「キャセロール評論家夫」も「野鳥の会妻」も別に悪気があったわけではない。それどころか、親切に配偶者の間違いを正してあげたと思っているかもしれない。

だが、正しいに違いないこの『訂正』がいったいどんな意味を持つのだろうか。「キャセロール評論家夫」は、その正確なレシピで妻の料理自慢の腰を折ったし、「野鳥の会妻」は、その鋭い観察力で夫のとっておきの冗談に水を指した。

もし、相手の虫の居所が悪ければ、

「オーブンの調子によって一時間半はかかるのよ。何も知らないくせに口出ししないで」

とか、

「俺は二十人ぐらいいって言ったんだ。正確に何人だったかなんて話をしてるんじゃない」

などと、これまた正論で反撃され、子供っぽい口論を繰り広げていたかもしれない。

幸いにも、たいていの人は、人前でそんなみっともないまねをしないだけの分別を持ち合わせている。が、夫婦のいさかいなんて、ほとんどがこういった、実に些細な、どうでもいいような会話に源を発している。

もちろんたまに、相手の話に口を挟んだり、言い直したりすることは、われわれ誰もがやっていることで、それが夫婦関係に悪影響を与える危険分子だなどと言っているのではない。それ自体はたいした事ではないだろう。

ところが、相手の発言にいちいち修正を加えるということは、意外と簡単に癖になってしまうようだ。特に親しい間柄、夫婦や親子などでは、自動的に注釈を加えていることがよくある。怖いのはこの習慣になってしまった『訂正癖』で、こちらはやがて大きな亀裂につながる可能性を持つ。

考えてみてほしい。もし何かを話し始めるたびに、相手がその話を『訂正』するとしたら？うんざりして、しまいには会話を避けるようになるのではないだろうか。

実際、うまくいっていないカップルはめったに口をきかないが、たまに口を開くとけんかになってしまうという。日常の何気ない会話、たとえば天気の話でも、なぜだか言い争いが始まってしまうのだ。

一度、自身を振り返ってみてもらいたい。もし知らぬまに、『訂正癖』に陥っていることに気がついたなら、話す前に考える、ひと呼吸おく、という練習をしてほしい。

そうすることで、自分が何を言おうとしているのか把握できる。それでも、その場で訂正コメントをしたい場合は、それはよほど重要なことにちがいない。さもなければ、けんかを売る決意があるということになるだろう。

いずれにしても、日常の社交会話の中で、誰かの話に修正を加えるということは、その相手とのいい関係を保つための糧にはけっしてならない。

さて、最初に紹介した漫才夫婦に戻ろう。

「こないだレストランで高校時代の知り合いに会ってね。そいつも昔うちのやつと付き合ってたことがあってさ。変わりないかって聞かれたから、当時のまんま、体重四十五キロさって、言っといたよ」

高校時代の二倍の体重を誇る妻は、たったひとこと、

「この、あほ」

と、笑った。

10　価値観

ある女性の離婚について紹介したい。正確には離婚後のことだ。四十代。双子の男の子の母親だ。幸いにも彼女の離婚はこの上なく友好的なもので、子どもたちの父親からは、六年前の別居当初以来、物質、精神の両面から一貫したサポートを受けてきた。

現在は正式に離婚し、かなりの資産家である元夫からは一生のんびり暮らせるだけの経済的援助がある。もちろんこれは、相当まとまった額の財産分割のほかにという意味だ。

話を進める前に、離婚に伴うサポート・ペイメントのおさらいをしてみよう。子供がいる場合の養育費、仕事をやめて家庭を守っていた妻の離婚後の生活を守るための配偶者扶養費が主な経済的援助だ。

これらの支払額は、子供や妻（配偶者）が、離婚後も以前の生活水準が保てるよう決められる。特に養育費に関してはガイドラインがあり、支払い者の年収と子供の人数によって金額が定められている。

配偶者扶養費には、正式なガイドラインは存在しないが、「離婚前の生活水準が保てる」

というのが基準であるから、当然、夫の経済状態によってふさわしい値が交渉され決定される。

これらサポート・ペイメントが支払われる期間だが、養育費は子供が成人するまで、たいていは十八歳、場合によっては大学を出るまでということになっている。

配偶者扶養費の方は、配偶者が他の収入を得、経済的に自立するまで、あるいは再婚、または新しいパートナーと同居し、新たな経済的援助者を得たときまで続けられる。

さて、この女性は数年前、再就職した。それによって配偶者扶養費が、かなり減額されることは承知の上だった。

労働によって得られる喜びは、決して金銭だけではない。好きな仕事（しかも高収入）を見つけ、見事面接試験にパスした彼女を心から祝福したものだ。

だが結果として、仕事を持たなかったころの配偶者扶養費だけによる収入と現在の給料＋配偶者扶養費による収入がほぼ同じであると知ったときは、さすがに驚いた。もし彼女が就職しなかったら、それほど高額の配偶者扶養費を死ぬまで受け取ることも可能だったのだ。

これを当たり前と思うか、もったいないと思うかは価値観の違いだ。ただ、働くシングル・ペアレントの一人として、「うらやましい」というのが、わたしの率直な感想だった。

ところで、彼女はこの夏結婚する。五年の交際の後、家族や友人、そして子どもたちにも受け入れられた結婚だ。

もっとも子どもたちは、はじめはステップ・ファーザーなんかいらないと母親の再婚を嫌がったそうだ。このとき助け舟を出したのが離婚した夫、つまり子供たちの父親だった。

父親は、母親の結婚は子供たちの人生から父親の姿を消したり、新しい父親と交換したりするものでは決してないことを子供たちに説明した。そして、父親は自分一人で、それは何があっても変わることはないと話し、子供たちを納得させた。

いい話だ。

子供を持った者の結婚は、より慎重に考えられなければならない。互いに対する愛情や相性のみならず、それぞれ家庭を持った二人の人間がその二つの生活を一つにする覚悟も必要だ。それは子どもたちの生活にも、再度の大きな変化をもたらすものなのだから。

我慢したり、駆け引きしたり、話し合ったり、話し合いを見送ったり、といった人間関係の複雑さを同じ屋根の下に住むという、逃げ出せない状況の中で、しっかりと受け止めていかなければならないのだ。

しんどい話だ。

けれども、結婚の二文字はいつも二人分の未来で満ち溢れている。

結婚するということは、未来を共有するということだ。そして未来を共有するということが、男女関係の究極の姿だ。愛し合う者が結婚を望むことは、より幸せな二人が、より幸せな明日を築くと信じることである。

うつくしい話だ。

子供を持った再婚者同士、結婚の難しさも家族の煩わしさも十二分にわきまえた二人の愛の決断に喝采を送りたい。

またひとつ、幸せな結婚に欠かすことの出来ないものを見たような気がする。その人と同じ未来を分かち合う覚悟、この覚悟こそ愛だけでは補いきれない状況を支えてくれるものだと考える。

ところで、この結婚によって高額な配偶者サポートは完全に消滅する。結婚を決めるに際して、このことは彼女の頭をかすめもしなかったという。これを当たり前と思うか、もったいないと思うかは、価値観の違いだ。ただ、未来を共有する究極の男女関係をあきらめない者の一人として、「うらやましい」というのが率直な感想だ。

11　家庭は男と女の休息の場

午後六時、互いに仕事を終え帰宅する。ほっとする時間、明日に備える充電の時間が待っている……はずだった。

「あなた、また脱いだ服がそのままよ。こないだも言ったでしょ……」

と、機嫌を損ねた妻の小言が始まった。

あるいは、

「おい、借りてたビデオ返すの、忘れたのか。遅延金取られるぞ……」

と、怒った夫の苛立ちは収まらない。

今日もどこかの家庭で見られるにちがいない日常の光景だ。

肉体的な疲れや精神的な緊張が大きい時、意にそぐわぬことが目に入ると、自動的に原因を作った人を責める。これが小言のメカニズムだ。

小言の対象も、小言を言うことそのものも、読んで字のごとく「小さなこと」だ。が、当事者がそのことに気づくのは、少なくともその場ではない。

それどころか、「あなたのために言っているのよ」「良く言い聞かせといてやる」などと『愛の鞭』の威を借りて正当化することすらある。

はっきり言おう。小言を言うことは百害あって一利なし。百歩譲ったとしても、小言は家族団欒に役立つ代物ではない。

私たちの毎日は忙しい。毎日の暮らしは『責任』という名の積み木で組み立てられた砦のようだ。

社会人としての外での責任は言うまでもなく、家庭人としての膨大な責任をすべてクリアするには、超人的なエネルギーを要するだろう。

むかしむかし、男と女には役割分担があった。男は仕事に出掛け日々の糧を持ち帰り、女は住まいを守り、子を育て、男をねぎらった。

夫婦の間で、どちらの役割がより大変か、ということが問題になることはなかったろう。至極単純にそれぞれの責任を果たすことが当たり前だったにちがいない。

さて、現代を生きる私たちは、数世代前には考えられなかったような可能性に満ちた生活を送っている。

男も炊事、洗濯の楽しさを味わうことができ、子育ての喜びも肌で感じることができる。そして女も社会でその力量を存分に発揮し、社会的に成功する機会を与えられている。

家庭内でも、男と女がそれぞれの得意分野を見いだし、家事も助け合って責任を果たしてゆくことができるのだ。

と、これはもちろん理想論だが、ここカナダでは多くの働く若いカップルが、それなりにうまくバランスをとりながら、共存しているようにも見受けられる。

家庭―昔は、男の休息の場であり、女がそのほとんどの責任を担っていた。

現代では、炊事や掃除、洗濯、子育てといった主だった家庭生活の責任のみならず、日常の様々な責任の所在もにわかに変わってきた。

ここでいう『責任』とは、朝起きてベッドを整えるとか、使ったタオルを元に戻しておくなどという、とても些細な、しかし毎日のことゆえに騒ぎ立てればきりがない責任のことだ。

この社会の基本ルールは、『自分のことは自分でする。自分で責任を持つ』ことだ。

だがしかし、先に述べたように忙しい毎日を送る私たちには、「忘れてた」とか「疲れてた」とか、これまた些細な理由からその小さな『責任』を果たしそびれることもあるだろう。つまるところ、私たちはただの人間で、超人的なエネルギーなぞ持ち合わせていないのだから。

そしてこの、「ちょっとうっかり」が命取りにならない唯一の場所『家庭』を持つことを幸福と呼ばないでなんと呼ぼうか。

だから、お願いだから、だまって上着を掛けてあげてほしい。お願いだから、ちょっとひとっ走り、だまってビデオを返しに行ってあげてほしい。そしてそのあと、夫婦でしずかに過ごす時間をもってほしい。忙しいからこそ必要なクオリティ・タイムを大切にしてほしい。

時代は移り、家庭は男の休息の場から、男と女の休息の場へと変わった。

さもなければ、家庭は男と女の第二の職場、第二の戦場となってしまう。そしてその行き着く先が知りたければ、「第一章」を読み返していただきたい。

男と女が、夫婦が、家庭を休息の場として大切にする限り、離婚はありえない。そして家庭が休息の場であるかぎり、社会での責任がいかに重かろうと押しつぶされることは決ってしてないだろう。

12 現代日本結婚考

この夏、夏休みの大半を日本で過ごした。久々のことだ。猛暑再体験と同時に、再発見した日本の結婚の実態についてお話したい。

大学の四年間、正確には予備校時代を含め五年の間付き合い続けた男友達がいた洋子は、卒業と時を同じくして結婚した。

お互いの両親も勧めるし、本人たちも「まあ、いいっか」といった感じで、ごく自然に入籍、簡単な結婚式を終えた。

二人の結婚生活は、淡々とまるで日めくりをめくるように続いた。朝起きて、それぞれの職場に向かい、夕方うちに帰る。そしてまた朝が来る。

けんかもしなければ、干渉もしない、理想的な同居人同士として共に暮らして五年。結婚したときと同様、いやそれ以上に何げない形で、「じゃ」とでもいうように二人は離婚した。子供もなく、若い二人に争うものは何もなかった。ただ、「じゃ」と別々の道へ向かった。

両親をはじめとする周りの者は、「あんた何が気に入らないの……云々」といった発言をしたようだが、きっと他人には解りようのない事情や葛藤があったんだろうと、経験者のわたしは妙な理解を示した。

それから数年後、洋子は年下の男性と出会い、再婚した。実家に戻っていた彼女は、職場で出会った彼と電撃結婚をやってのけた。洋子三十三歳、その夫二十五歳の春のことだった。

それから十年、けんかもしなければ干渉もしない、理想的な同居人同士として共に暮らしている。

「いったい、どこが違うの」

と、チュウハイ三杯目の洋子に、こちらは二杯目の中生ジョッキをひっかけながら、わたしはたずねた。

「いい質問よ」

おどけながら答える洋子は幸せそうだった。

「基本的には、前のも今のもおんなじよ。おとなしくて、人見知りで、自分のことは自分でして……。でもね、前のだんなは関西の人、生まれた場所から動く気は毛頭ないわけ。今のはマスオさん、ほらサザエさんの」

と、片目をつぶってみせた。

「じゃ、結婚生活に求めるものって何」

と、取材モードに突入したわたしは聞いてみた。

「すべてが自分の思い通りになることかなぁ」

……、前夫に足りなかったものは、自分の両親と同居するということなのか。

「前の人に一緒に実家に帰ってくれって聞いてみたの」

「そんなこと言うわけないじゃん。むりでしょ、あっちだって親いるし……」

「それで離婚したの？」

「べつに……でもなんとなく、もういいかなって」

『まあ、いいっか』と結婚し、『もういいかなっ』と離婚した洋子。

どこまでが事実で、どこまでが酒の肴なのか。う～ん、と考え込みながらわたしは言った。

「すいません。生ビール、もう一杯お願いしま～す」

恵美は、東京で十年以上続けてきた仕事に見切りをつけ、父が亡くなり、母が一人で暮らす故郷に戻ってきた。

母娘で暮らす生活は気兼ねなく気楽で満足していたが、適齢期をとうに過ぎとはいえ初婚で、資産家の娘である恵美の元へは、見合い話が後を絶たなかった。

「ま、今じゃ見合いはわたしの趣味ね。そうね、三ヵ月に一回くらいかな。結構面白いよ」

「で、結婚する気はあるの」

「そりゃ、あるわよ。いい話がありゃ本気で考えるつもりよ」

「へ～え」

という会話を交わしたのが、数年前。

「結婚するの」

「おめでとう。どんな人」

「そうね、一緒にいて嫌じゃないのよ」

「はあっ」

と聞き返すわたしに微笑んだ恵美は、話し始めた。

「いっぱい見合いはしたけど、相手の男、ひと目で嫌だと思うか、とっても気に入っちゃうかのどっちかだったの。で、きらいなやつとは二度と会わないし、気に入った人とは何度かデートもしたけど、何せこっちはその気があるもんだから、なんか一緒にいてギコチナイ、落ち着かない感じがするわけよ。で、そういうのは会ってて、すっごく疲れるわけ。分かる？」

つまり、恵美が結婚を決めた相手は、一緒にいて嫌じゃなくて、疲れもしない人だ、ということらしい。

「一緒にいて嫌じゃないのよ。結婚なんてそんなもんでしょ」と言い切る恵美。

これは、あきらめなのか、悟りなのか、それとものろけなのか、ここでも、へぇ～、と考え込みながらわたしは言った。

「あの～、やきとりまだですかぁ」

13　妻よ、自分の価値を知れ

家庭が夫婦にとっていかに大切な場所であるか、それぞれが思いやりを持って一歩ずつ譲り合うことでどんなにたくさんのいさかいを防ぎ、明日への活力を生むことができるか、ということを前に書いた。

「共働き」という言葉すら死語になりつつある現代で、「あなた稼ぐ人、あたし守る人」というのは、時代錯誤どころか「ポリティカリー・インコレクト（偏見に満ちた道徳的差別）」カテゴリーだ。

互いが家庭をベストの状態で機能させるよう努力することこそ、家庭というものの恩恵に百パーセント浴する近道だろう。

というようなことをある女性の集まりで話したところ、矢のような反論を浴びてしまった。わたしの言っていることはまったく非現実的だ、と言うのだ。

「あなたのように、お一人で立派にお子さんを育てていらっしゃる方にはお解かりにならないかもしれませんけど」

という決まり文句で始まったこの女性の話を聞いていただきたい。

「家には小学生の子供が二人います。結婚以来ずっと専業主婦で、働こうと思ったことも働きたいと思ったこともありません。子供たちを送り出した後は掃除、洗濯、買い物、夕飯の支度、学校が終わった後はスイミングやホッケーの練習に連れてって支度を手伝って……、けっこう忙しいんです」

どうしてこの人は、どれほど忙しいかを説明しなければならないのかな、と考えながら、話を続けてもらった。

「夫は小さな会社をやってて、家族四人が生活してゆくのに十分な収入があります」

わたしが稼がなくたっていいのよと言っているのかな、と思いながら先を促した。

「この間、下の子がひどい熱を出したんです。吐き下して、一晩中着替えさせたり、シーツまで交換して、わたし一睡もしませんでした。明け方、夫に診療所に連れてってくれるよう頼んだんです。八時からやってる診療所が近くにあるんです。わたしはくたくたでしたし、上の子もそろそろ起きてきましたし……」

悔しそうに唇を嚙んでから、彼女は続けた。

「夫は、『上の子が学校に行ってから連れてったらいいじゃない。夕べうるさくてよく眠れなかったからもう少し寝る』って言うんです。わたし、泣いちゃいました。彼は起きてたんですよ。知らん顔して寝たふりして、挙げ句の果てに『夕べうるさくてよく眠れなかったから』ですって」

「それでどうなさいました？」

「連れて行きましたよ、わたしが。混んでて一時間半も待たされて、結局、扁桃腺炎ってことで薬が出て、まあその日の晩にはケロッとしてたんですけどね」

「お子さんは、でしょう。あなたはケロッとできましたか」

彼女のきょとんとした顔を見ながら、今回のテーマが決まった。題して、『妻よ、夫よ、我と我が価値を知れ』

話を進める前に、今回のこの『どこかで聞いたような、よくある話』に実は三つの勘違いがあることを指摘しておきたい。
1．彼女は仕事をしている。二人の子供と夫が快適に毎日を送るために忙しく働いているではないか。
2．彼女には収入がある。夫が働いて妻の物質的なニーズを満たすことができるのは、妻がホームメーカー（専業主婦）として夫の生活、および精神面のニーズを満たしているからに他ならない。したがって、夫の収入は妻も寄与したものであり、それは妻の収入でもある。
3．にもかかわらず彼女は、夫の言い分＝子供や家庭のことは、妻が行うのが当たり前だ、を（悔しがりながらも）受け入れている。

フェミニズムを振りかざすつもりは毛頭ない。だから妻よ、夫よ、落ち着いて聞いてもらいたい。

自分の役割や家族に対する貢献度が、パートナーよりも優れている、あるいは劣っているという根拠のない思い込みを捨てよう。祖父母や父母がそうだったからといって、自分も同様に振る舞わなければならない理由は、ない。自分にとって、ひいては夫婦関係にとって、もっとも大切な贈り物は、『自分の価値を正しく知る』ということだ。

自分が如何に無二唯一の存在であるか、相手がどんなにかけがえのない特別な人であるかを忘れないでほしい。

これが、わたしの言う『思いやり』で、『家庭をベストの状態で機能させる』ためのデイリー・サプリメントなのである。

余談だが、冒頭の「あなたのように、お一人で立派にお子さんを育てていらっしゃる方にはお解かりにならないかもしれませんけど……」には、いつも、かわいそうにね、誰も面倒みてくれる人がいないのね、という哀れみと、羨ましいわ、誰の顔色もうかがわず好きなことができるのね、という羨望の入り混じった妙に見当違いのニュアンスがあるように思うのだが、わたしの思い過ごしだろうか。

そのうち『あえてシングル・ペアレント、されどシングル・ペアレント』というのでも書いてみるかと考えつつ今日も幸せな夫婦を応援している。

第三章　シングル・ペアレントに捧げる

1　ひとり親、告白編

カナダ式正しい離婚の仕方のハウツー・ブックとして始まった第一章。第二章では、幸せな結婚生活の応援歌を高らかに詠わせていただいた。

さて、第三章のテーマを探していたある日、ある読者からお便りをいただいた。「なかなかピンポイント（特定）できない心のもやもやの分析が日本語で読め、結婚というものを理解するのに役立つ」というような励ましだった。

第一章は離婚に役立ち、第二章は結婚生活に役立ち……ということは、第三章も「役立たなければ」ならないのか、と気合を入れた。

気合ばかり入れていてもちっとも筆は進まないので、初心に返り、例によっての告白編からスタートすることにした。

まったく、告白ネタには苦労しないのが自慢の住職である。「住職マリタル・ステイタスに一言あり」とでも題そうか。

マリタル・ステイタスとは、各種書類に記入する婚姻区分のことで、(married＝既婚・single＝未婚・separated＝別居・divorced＝離婚) に分けられる。わたしのマリタル・ステイタスはディヴォースド、つまり各種書類では離婚者区分に丸を付けることになる。なんで「シングル」ではいけないのか。とひそかに不満ではあるが、まあいい。要するにわたしは結婚していない。

ただし、すでに成人した長女を含め三人の娘を持っている。マリタル・ステイタスに「シングル・ペアレント」という項目はないものかと首を傾けてもみるが、まあいい。

ところで、日本ではこれを「ひとり親」と呼んでいることをごく最近を知った。「母子家庭」とか、「片親」に比べて、うんと響きがいい。おそらくこれが、「ひとり親」という言葉が、市民権を持ちつつある理由であろう。

わたしは「ひとり親」だ。一人で家庭を持っている。

過去の告白編を読まれてご存知だろうが、身の上話は何度聞いても面白いので再度書く。我がシングル・ペアレント暦は、実は、(何と) 二度あり、最初は日本で「ひとり親」を経験している。

余談だが、当時暮らしていた東京都渋谷区では、母子家庭に対するサポートがたいへん充実しており、医療費の個人負担分免除や生活費補助金支給制度等、様々な恩恵に預かった。

また、長女と参加した「渋谷区母子家庭ピクニック」は、バスでイチゴ狩りに行く（無料）というもので、十五年以上も前のことながら、とても楽しい一日だったと記憶している。

この長女が小学校一年生のとき最初の夫と離婚した。

「わたしは嫌だけど、お母さんがよければいいよ」という六歳児の言葉に背中を押され、離婚に踏み切った。

この離婚は実にあっさりしたもので、わたしはかなり晴れ晴れとひとり親生活を楽しんだ。

「ああ、これはダメかもしれないな」という最初の「疑い」から五年を経ての離婚で、決して計画したつもりはないが、虫の知らせとでもいうのだろうか、離婚した時には、精神的にもかなり自立していた（と思っていた）。

（と思っていた）と括弧でくくった理由は、なんと離婚直後知り合ったカナダ人とその翌年、再婚を決めてしまったからだ。

これを「on the rebound」と呼ぶことをかなり後で知った。

「リバウンド・リレーションシップ」をわたしはひそかに「もののはずみで、かるはずみにとびこむ男女関係」と訳している。

つまり、「はずみ」で自分のみならずひとり娘の未来をも大きく変えてしまう決断をしてしまったわたしは、大胆イコール浅はかな「エセ自立する女」にほかならなかった。

それから七年、環境や考え方の違いを克服する術も知らず、互いの欠点を探すことのみに長けていった二人にとって、結婚生活はまさに地獄だった。

二人の子供を儲けた二度目の夫との別居、それに続く親権争いと財産争い、長い長い二年と高い高い弁護士費用を費やし、二〇〇一年新春、わたしはやっとディヴォース・ペーパー（離婚受理証書）を手に入れた。

そしてそのディヴォース・ペーパーを手にわたしは誓ったのだ。「もう二度と……」と。「もう二度と、自分にも、自分の大切な人たちにも、辛い思いはさせない。決してさせない」

なんと生まれてはじめて立てたこの誓いは、「もう絶対結婚なんてしない」などという『思い込み』ではなく、しっかりと奥深い、そして先の長い、幸せになるための『決意』だった。

この決意は、同時におそろしく大きな『覚悟』をもわたしの中に植えつけた。慣れ親しんだ考え方や接し方を、場合によっては一八〇度転換させなければならなかった。

ひとつの物事をいくつもの角度から見る努力も欠かせなくなった。自分が、本来の自分を見つけ出すために、捨てなければならない今までの自分もあった。

二度も結婚しながら、三人も子供を持ちながら、ただなんとなく生きてきた何十年かの年月に報いるためにも、これからの人生を（実に月並みな表現で赤面するが）悔いのないものにしたかった。

臨終のそのとき、「いい一生だった……」と思える人生を送ろうと、そしてその時が今であってもいいような毎日を過ごそうという思いを新たにしたのだった。

シングル・ペアレントであることにこだわりを求めるわたしは、この章のテーマを「シングル・ペアレントに捧げる」とすることにした。よろしくお付き合いを願いたい。

2　こだわりのシングル・ペアレント

わたしが『こだわりのシングル・ペアレント』であることは、すでに力説した。一人で家庭を持つことに、少しばかりこだわってみることで、自分の生き方と、わたしにとっての家族のあり方が見えてきたように思う。そして、この『一人で家庭を持つ』ということが、それなりに居心地がよいことも発見した。

このそれなりに居心地のよいわたしの立場を住み家に例えれば、「オファーがかからないために、いつまでも『For Sale（売り物）』の看板を掲げたまま住んでいる家」ではなく、「マーケットから撤退し、落ち着くことを決めた我が家」だろう。

『楽しい我が家』とまでは行かなくとも『住めば都』程度の快適さは、確かにある。

「こういうことを書くというのは、焼きが回った証拠だよ」と言う声が聞こえてきそうだが、わたしがなぜ、シングル・ペアレントもいいもんだよ、と思っているかをお話ししたい。

まず、第一にわたしの決断が我が家の決断であるという事実。これには、どこに晩ごはんを食べに行こうかというレベルのものから、どこに住もうかという類いまでが含まれる。

もちろん、子供たちの意見は聞くし、一緒にあれこれ相談するのは楽しい。それでも全ての最終決断はわたし一人に委ねられている。

実はこれ、当初はかなりのプレシャーがあった。例えば家の売買、投資先の選択といった将来を左右するほどの大きな決断に対してだ。

けれども、自分だけの署名で物事が動き始めることの快感はくせになる。きちんと専門家の意見を聞き、自分で判断することは、自分の生き方に責任を持つための第一歩にほかならない。

次に、わたしの決心がわたしの行動に関する唯一の決定要素であるということ。買い物やバケーション・プランから就職やボランティア活動にいたるまで、『わたし』が悩んで、考えて、そして決心する。

もちろん友人や家族に意見を求めることはよくある。だが、わたしの口から「誰それに聞いてみないとお返事できません」「家に帰って相談してみないと決められません」というせりふが聞かれることはない。わたしの決心イコール決定となる。

さて、決断も決心も判断力が生みの親だ。よく判断力があるとか、ないとかという言い方をするが、問題は『ある』か『ない』か、ではなく、どのような判断力を備えているかだろう。

判断力の質によって人の生き方の質は決まる。ひいては、その人そのものの本質として定着する。だから、この判断力を磨くということは、人間性を磨くということに大きく関係してくる。

とまあ、ここまで書いてみて、な、なんと、『わたしは人間性を磨くためにシングル・ペアレントにこだわっているのだ』ということを発見して、あわてふためいた。そして、『おいおいい、別にそんなに肩に力を入れるほどのことでもないいんでないかい』と感じてしまった。

そうなのだ。この『シングル・ペアレント』という、なんとなく力の入ってしまう肩書きをかかえながら、人生を楽しむためには、ずばり、『肩の力を抜く』というのがキーワードとなる。

頑張りすぎないこと、常にユーモアを忘れないこと、が肩の力を抜くためのポイントだ。こだわりのシングル・ペアレントを目指すには、こだわるべきことと、こだわるべきではないことをきちんと分け、時には笑って忘れることも必要だろう。

そして、最悪の出来事の中からさえ、滑稽さを見つけられるようになったら達人だ。『シングル・ペアレントに捧げる』と銘打ったからには、ベテランのシングル・ペアレントから、なりたてほやほやの新人シングル・ペアレントまで、われらシングル・ペアレント族の活性剤となれれば本望だ。

いかにシングル・ペアレント・ライフをエンジョイできるか、体験談や見聞録を紹介しつつ、様々な角度から捉えてみたいと思う。

3　住職の子離れ

一九九八年春、夫と別れたとき、彼との間の二人の娘は五歳と二歳だった。

夏の初めに家を出た夫は、当初から共同親権、50／50養育権を主張し、一歩も譲らなかった。

二年もの長い話し合い（争い）の末、水曜日の夕方から一晩と、毎週末土曜の夕方から月曜の朝までが、子供たちが父親と過ごす時間と決まった。加えてクリスマス、夏休み等の長期休暇は互いが子供たちと過ごす時間をその都度交渉し、等分するという取り決めも成された。

別れるということは、『未来が死ぬこと』だと聞いたことがある。だから悲しいのだと。だから一緒にいたかった人との別れは、文字通り死ぬほど辛いものなのだと。

離婚とは、「その人との未来を共有できなくなる」ということだ。ついこの間まで同じ屋根の下で暮らし、同じものを食べ、これからもずっと同じ屋根の下で暮らし、同じものを食べるはずだった人の未来に、自分はもういない、という事実を受け入れるのは時間のかかる作業だ。

たとえ、もう顔も見たくないと思っていた相手でも、その人が自分の知らない人生を送ることになぜか妙な苛立ちを覚える。

それは、皮肉にもジェラシーに似た感情だ。その昂ぶりは、その人と自分が共有していた、あるいは共有するはずだった『未来の死』への弔いなのかもしれない。

離婚は悲しい出来事だ。けれども二人が互いの人生を考えるとき、幸せになるためには離婚するしかないという答えにたどり着いたのなら、離婚は正しい決断だ。

離婚から立ち直ることは試練ではあるが、確実に光指す方向に進む前向きなプロセスだ。だからわたしも、離婚の後、その『未来の死』の弔いを素直に受け入れた。

ところが離婚した二人に子供がある場合、我が子との『未来の死』も、離婚とともにやってくる。

子どもと分かち合うはずだった未来が違ったものになることほど、わたしにとって辛いことはなかった。子どもたちと常に一緒にいられなくなると思うと、どんなことをしてもこの結婚を救いたいと願った。たとえ僅かな間でも自分の知らないところで子供が育ってゆくことが許せなかった。耐えられなかった。

我が子が週末どこへ出かけたのか、誰と会ったのか、何を食べたのか、どんな遊びをしたのか、知らない自分を哀れみ、子どもの中に自分が登場しない思い出が増えることに焦りを感じ、それが父親との共有の思い出であることに嫉妬した。

子供が成長してゆく中で、だれもが徐々に克服してゆく『子離れ』を一気に受け入れなければならないことへの理不尽さに怒りすら覚えた。

あれから七年、この春休みに子供たちは父親と旅行に出かけた。ビーチリーゾートで過ごす一週間をとても楽しみにしていた。早くから水着を用意し、お気に入りのビーチタオルも荷物につめた。楽しい休暇になるはずだ。来週には日焼けした元気な顔でいっぱい土産話を持って帰って来るだろう。

そしてわたしは……少しも寂しくなんかない。まして、羨ましさなどかけらも感じない。一人でできる、いや、一人じゃないとできないことを心ゆくまで楽しんでいる。

幸せだ、と思う。

強い絆で結ばれた家族は互いを必要としない。そばにいれば楽しいが、いなくてもいい。子供たちは今、わたしのことなどすっかり忘れて、夢中で遊んでいるだろう。わたしは……というと、孤独を存分に堪能している。

子どもが、楽しい出来事を心から楽しめるのは、十分に愛情を受け、安定した精神生活を送っているからだ。

親が一人でいることを存分に楽しめるのは、人生の目的や楽しみを子どもに依存していない証拠だ。

いい家族だ、と思う。

どうやらわたしの『子離れ』は無事、完了したらしい。そしてこの『子離れ』こそ、シングル・ペアレントとしての成功への第一歩だ。

子どもの人生を子ども自身のものとして完全に認め、受け入れることが、幸せなシングル・ペアレントになるためにはどうしても必要なことだ。

それができれば、子どもがそばにいないとき、心にぽっかり穴が開いたような気がしない。

そして、自分の人生も自分のものだと確信することができるだろう。

4　子供は親の背を見て育つ

シングル・ペアレントとしての成功の第一歩は子離れであると書いたことに二種類のコメントをいただいた。

「子離れ？　とんでもない。たった一人で子供を抱えて、仕事をして、生活を支えて、やっとの思いで暮らす毎日、加えて、別れた旦那と子供のことでトラブルは絶えないし……」

『子どもの人生を子ども自身のものとして認め、人生の目的や楽しみを子どもに依存しないことが、幸せなシングル・ペアレントになるために必要だ』と書いたことに対する笑止千万、片腹痛いわ、という御意見だ。

「子離れの必要性はシングル・ペアレントでなくても痛感しています。どうしても子供中心に物事を運び、やりたいことが出来ないのを子供のせいにしたり、逆に出来ない言い訳に子供を使ったりしていることに気が付きました……」

『人生の目的や楽しみを子どもに依存しなければ、自分の人生は自分のものだと確信することができる』と書いたことへのまったく同感、我が意を得たり、という感想だ。

シングル・ペアレントとは、その名の通り、『ひとり』で子供を育てるということだ。あるいは、少なくとも子供が自分といる時の責任はすべて『ひとり』で受け入れるということだ。

時には孤独と戦い、時にはその責任の大きさに圧倒される。しかしこの孤独や責任の重さは、以前に書いたシングル・ペアレントであることの利点、

『自分の判断＋自分の決心＝決断／最終決定・判断力を磨く＝自分を磨く』

の公式と切り離せないものだ。

だから、シングル・ペアレントであることに『試練』だとか『苦難』だとか、ドラマチックな表現を当てはめるつもりは毛頭ない。

あえて言えば、親になり、親であり続けることそのものが、『究極の修行』であるとは思う。

わたしは、シングル・ペアレントにとっての子育てが、父母が同居している場合と比べてなんら違いがあるとは思わない。子供の成長と共にやってくる悩みや迷いは同じだし、抱える問題も大差ない。

わたしの子育てのポリシーは、『子供は親の背を見て育つ』というものだ。子供は親が自分に何をしてくれたかではなく、親が親自身のために何をしたかを見ながら育ってゆくものだ。

子供にとって最大の幸せは、親が幸せであるということだ。子供にとって最大の自慢は、親が自信を持って一生懸命人生と取り組んでいるということだ。それが仕事でも趣味でも子育てでも、一生懸命な姿は美しい。

この懸命な心に適切な幅の視野を加え、没頭することを避け、バランスの取れた日常生活を保ってゆくということが、わたしの言う『子離れ』だ。

シングル・ペアレントに限らず、誰にとっても必要なことは、自分にとって何が一番大切であるかの見極めと、自分自身の夢を持つことだ。そうすれば人生の目的は二つに絞られる。

大切なものを守ること。そして、自分の夢を果たすために努力することだ。

さて、今、「自分の夢は何かしら」と考えた方がいらしたら、心から祝福したいと思う。それが夢の実現の第一歩なのだから。

5　縁を切る

五歳くらいの男の子が、母親を相手になにやら熱心に話している。相槌を打つ母を見ることもなく、話はとめどなく続く。なかなか聡明な子どものようで、見るもの、聞くものが面白くて仕方がないといった様子だ。……見るもの？　その時気づいた。この子は目が不自由なのだ。まっすぐ前を向いたまま一生懸命、話を続けるその姿は、盲目の人の持つ真摯なまなざしにほかならなかった。

「よくいらっしゃるんですか」

一時帰国者のフレンドリーさ＝ずうずうしさを美徳だと疑わないわたしは、その母子に声をかける。

「この子が大好きなものですから」

思わぬ気軽さで答える母親に安心したわたしは続ける。

「ぼっちゃん、お話が好きなんですね。うちの子もそうなんですよ」

「あのお嬢さんたちでしょう。おいくつなんですか」

と、話が弾んだ。

「……わたし、離縁されたんです」

と、その人が言ったのは、わたしが子供たちの父親とは同居していないことを何気なく口にしたときだった。

その人の「わたし、離縁されたんです」は、告白調などミジンもない淡々としたものだった。が、『離縁』という時代がかった言葉をなんとか消化したいという衝動に押されたわたしの次の言葉は、

「お差し支えなければ、お話を聞かせていただけませんか」

だった。

見合い結婚をし、生まれた子供が目を病んでいることが分かった。婚家では子供を連れて家を出るよう勧めた。夫は「することはするから……」と、これもわたしには噛み砕けないせりふを吐いてその結婚は終わった。豪華な結婚式から二年、子供は一歳を迎えたばかりだった。

「贅沢は出来ませんけど、週末にはこの子を連れてここに来るくらいの楽しみはあります。気兼ねのない暮らしも気に入ってます。することはしてもらってますし……」

離婚以来、子供の父親とは母子共に一度も会っていないそうだ。時代錯誤もはなはだしい離婚理由は、結婚の持つ『契約』という一面を見るような話だ。

もちろんこれは彼女側の話だ。離婚における「どうして」は、もともと後からくっつけたようなところがあると、わたしは思っている。

離婚したのは、つまるところ「二人は一緒にいることになっていなかった」というだけのことで、その事実を受け入れることが、離婚から立ち直るための最初のステップでもあるだろう。

それよりわたしが気になったのは、彼女がしてもらっている『すること』の方だった。『すること』とは、慰謝料や養育費のことであろうが、父親としての『すること』は他にあるだろうと、思わずにはいられなかった。

離婚後、わたしが何よりも力を注いだことは、「お父さんとお母さんは、もう一緒には住まないけれど、あなたたちは、お父さんもお母さんも失ったわけではない」と子供たちに教え続けることだった。

子供にとって父親は母親と同じくらい大切で、母親は父親と同じくらい大切な人なのだから。

わたしは二度結婚した。最初の結婚で長女が生まれ、二度目の結婚で二人の娘を持った。十年ほど前、日本へ帰省した時のことだ。カナダに戻る日、夏休みを父親と過ごした長女を迎えに行った。この時、長女の父親は、一緒にいた次女と初めて会ったのだが、なんとこの次女が、長女の父親に抱きついて離れなかったのだ。

当時二歳だった次女は、『自分の姉には、日本にもお父さんがいるのだから、その人は自分のお父さんでもあるのだ』と信じていたという。つまり次女は、日本のお父さんに会えたのがうれしくてたまらなかったのだ。たわいなくも、ほほえましい話だ

自分の価値観で他人の生き方を測らぬよう心がけるのはとても大切なことだ。人にはそれぞれ、それぞれの事情がある。本人がそれぞれの土俵で自分なりの相撲を取ればそれで良い。けれどもわたしは、両親の離婚のために父親を知らずに育つ子供の存在に疑問を抱かずにいられない。

聞くところによると、どうやらこれは珍しいことではないらしい。離婚後、子供を引き取るのはほとんど母親で、父親とまったく会うことのない子供は多いという。なるほど……

『離縁』か……『離婚』とともに本当に縁を切ってしまうのか……。

大相撲名古屋場所中の週末、ある日帰り温泉で出会った母子との、日本のシングル・ペアレントの現状を垣間見たような出会いだった。

6 シングル・ペアレントの恋愛

いつ書こうかなぁ、と思い続けていたテーマがある。「シングル・ペアレントの恋愛」である。子供を持つ結婚していない男女に新たな出会いが訪れたとき、どうするか。

PWP（Parents Without Partners）をご存知だろうか。離婚に伴う痛みの中でも最大級のものである親権争いの最中にある親、経済的にも精神的にも大きな苦労を背負いながら、一人で子供を育てる親、逆に50／50養育に関する問題を抱えて悩む親……そんな親たちのためのサポート・グループである。

子供（たち）と自分だけが『家族』である家庭、つまりシングル・ペアレントとその子供たちの権利を守るための教育と、互いの痛みを分かち合い、友情を育て、シングル・ペアレントであることに誇りを持つ手助けをする。ペアレント・ウィズアウト・パートナーとは、そんな『非営利団体』だ。

一九五七年、ニューヨークに住む二人のシングル・ペアレントが出した新聞広告に応えた二十五人が、グリニッジ・ヴィレッジの教会の地下に集まった。こうしてペアレント・ウィズアウト・パートナーは、結成された。

「片親家庭」という世間から張られたレッテルに真っ向から立ち向かおうと、グループは活発な活動を展開した。すぐにマスコミに取り上げられたグループには、全米各地から問い合わせが殺到したという。今ではアメリカ、カナダに五万人を超える会員を有すＰＷＰとして広く知られ、多くのシングル・ペアレントの心のよりどころとなっている。

ＰＷＰの主な活動は、週末のピクニック、映画鑑賞、野球大会等、子供と共に過ごせるレジャー企画、ゲストスピーカーを招いての勉強会、ボード・ミーティングに会員の総会といった集まりのほか、月に一度はダンスが開催される。

さてグループの趣旨は大変よろしい。それどころか実に感動的である。だが今日は、あえて今回のテーマに沿った角度から見てみたいと思う。

この『ＰＷＰ』は、実は子供を持つ結婚していない男女の出会いの場としてあまりに有名である。

なぜなら『ＰＷＰ』には、『再婚、またはパートナーとの同居により、グループから脱退する』という規約がある。純粋にグループ名に則り、パートナーを得た途端、会員資格を失ってしまうというわけだ。

要するに、会員は全員独身ということになる。下世話な言い方でたいへん恐縮だが、先にあげた月一のダンスは、『バツイチ（ニ、サン？）ねるとんパーティ』という趣をぬぐいきれない。

誤解の無いよう書き添えるが、私は決してこれを否定しているのではない。一人で頑張る、働くシングル・ペアレントが得ることのできる貴重な大人の時間、大人の会話、そして、その結果の出会い……パーフェクト！　だが、そのゴールが、ＰＷＰからの出来るだけ早い脱退、つまり再婚であるとしたら、少しばかり話が違う。

僭越ながら、駆け込み寺住職として久々のアドバイスをさせていただく。

Take it as slow as possible

子供を持つ親に出会いが訪れたら、ゆっくりと、かけられるだけの時間をかけて、その恋愛を成熟させていただきたい。「テイク・イット・スロー」。それはどんな恋愛の成功にも当てはまることかもしれない。けれどもシングル・ペアレントの場合は、もうひとつ大きな理由がある。

あなたの、命よりも大切な子供たちは、悲しい変化を受け入れてきた。少なくとも受け入れようとして懸命に幼い心と戦っている。離婚が自分にも子供たちにも最善の道であったとしても、子供たちにとって父母が別れるという変化は絶大なものだ。あえて二度目の変化を子供たちに課すとすれば、それが『最後』の変化であるという絶対の確信と誓いに基づくものでなければならない。

そのために必要なものは、『時間』だ。特に離別後、最初に出会った異性に夢中になるという、例の『リバウンド』などは離婚以上の悲劇だろう。

傷ついている時、不幸なときに始まる恋はたいていい不幸で傷つきやすい。反対に健康で幸せなとき見つけた恋は、幸せに実ってゆくものらしい。

さあ、今度出会いが訪れたら、『Take It Slow』とつぶやいてほしい。つまるところ、我々は、リレーションシップのエキスパートだ。熱狂的な恋や盲目の愛は、使い古しているはずだ。ゆっくりと時間をかけて本当のパートナーを見つけようではないか。ゆっくりと時間をかけることこそ、本物の幸せを見つける鍵なのではないだろうか。

7　テナガザル症候群

ひさびさの我が説教にまたまたコメントをいただいた。『離婚後の新しい出会いは、時間をかけて成熟させよ』というアドバイスに対してだ。

それは、「それって、ありえないよ」という『今どき』の感想だった。何がありえないかというと、「次の相手の当てもなく離婚に踏み切るなんて、ありえない」ということなのだ。

三十代半ばのこの既婚女性は言う。

「周り見てて思うんだけどぉ。旦那が他の女と逃げるとかみたいに、むこうから言い出された場合はともかく、自分の方から次の相手の当てもなく離婚に踏み切る人って、なかなかいないってばぁ。……っていうか、できないんじゃないかなぁ」

察するに、結婚相手や結婚生活に大きな不満があって離婚したいと考えていることと、実際に離婚に踏み切ることとの大きな差は、自分の決心を支えてくれる第三の人物の存在にかかっている、ということらしい。

テナガザルという猿がいる。長い腕で木から木へ、枝から枝へ、自由自在にぶら下がり、次から次へと渡ってゆく動物だ。その様子はさながらサーカスの空中ブランコのようだ。このテナガザルが木から落ちない理由は、片方の手でしっかりと次の枝をつかまない限り、決してもう片方の手を離さないからだ。

これに由来する『テナガザル症候群』というのを耳にしたことがおありだろうか。要するに次の恋愛が始まるまで、前の関係を完全に断つことはしない。または、今の恋愛を解消するために次の関係を達成させるという、リレーションシップ・アディクションの症状を指すのだそうだ。恋愛中毒とでも呼ぶのだろうか。

たしかに、恋愛関係終結のためのジャンピング・ボードとして、次の（または、他の）相手（または、恋愛）を利用するというのはよく聞く話だが、残念ながらこれがよく『効く』という話は聞いたことがない。

恋愛をしていないと、あるいは異性と一緒にいないと自分が一人前でないように感じてしまうというのは、それだけでおそろしく不健康なことだ。だが、それにもまして危険なのは、ひとつの関係から次の関係への移行が、テナガザルの腕のごとく連なっている場合だ。次の人ができたたから前の人と別れたいのか、前の人が嫌だから別の誰かがほしいのか……。

話を離婚に戻そう。はたしてこのテナガザル症候群的な傾向は、離婚の際にも当てはまるのだろうか。つまり、次の相手が見つからなければ離婚に踏み切りはしない、という方程式のことだ。

否。離婚を決意するために必要な膨大なエネルギーは、そんなところからやってくるものではない。本当の幸せを手にしたいと心から願った者だけが下すことのできる辛く、難しい決断―これこそ、離婚を成功させるために不可欠なものだ。

結婚が失敗に終わることがあるように、離婚だって失敗することがある。離婚後の幸せは次の恋愛が運んでくるものではない。それは失敗を真摯に受け止め、自分自身と向き合うことができるかどうかに懸かっている。

テナガザル症候群的に離婚を決めた場合、その離婚の成功率は極めて低いに違いない。離婚が成功するということは、離婚後、一人の人間として幸せで満ち足りた人生を送ることができる、ということだ。誰かに幸せにしてもらわなくてもよい生き方ができる、ということだ。

恋人との別れから立ち直るために必要な期間は、その恋愛期間の三分の一ばかり必要だという。つまり彼氏と一年付き合って別れた時、その傷を癒すためには四カ月を要する。三年付き合った彼女と別れた痛手から本当に立ち直るには一年はかかる。

これは、結婚に至らなかった男女関係についての説であり、結婚し、ましてや子供をもうけた関係にとって、このリカバリー期間はさらに長くて然るべきだろう。

一人でできる楽しみや、一人で感じる幸せはたくさん、実にたくさんある。その楽しみや幸せを堪能し切った後に来る出会い、そんな出会いこそが、その幸せを倍にしてくれるものだろう。

だから、シングル・ペアレントの諸氏、安心してすべての愛情を自分と、そして子供に向けてほしい。子供たちはその愛情を受け止め、成長し、幸せに巣立ってゆく。

繰り返していうが、幸せな親を持つ子供たちは、確実に幸せな子供たちだ。常に幸せを探し続ける親と過ごす子供たちは、やはり青い鳥を探し続けてしまうだろう。

さて、ここでシングル・ペアレントの恋愛突入編をまとめてみよう。

教訓1　できるだけ長くシングルでいること。一人でも楽しい生き方を身につけるため。

教訓2　そして出会いが訪れたなら、時間をかけること。その恋愛があなたと相手のものだけではないことを忘れないため。

8　忘れることの美学

「私、物覚えが悪いのよね」

というわたしのひとことに、長女が突っ込みを入れてきた。

「まったく、お母さんの物覚えの悪さには、顔から火が出るよ」

「おっ、『顔から火が出る』それ、いいね。あんたの日本語も捨てたもんじゃないよ」

と、九歳の渡加以来、ろくに日本語を学んでいない娘に応戦する。

「わたしみたいにイベントフルな人生を送っていると、何でもかんでも覚えてられないのっ」

という負け惜しみに、

「また、茶化す」と娘。

「いいね、いいね、『ちゃかす』なんて言葉、どこで覚えたの」

と、はぐらかそうというわたしの努力は、「もういいよ」の一言で片付けられてしまった。

娘が高校の時一緒に買いに行った『かばん』を覚えているか、と尋ねられたときのことである。

「さぁ、そんなこともあったかねぇ」

と。茶飲み友だちに答えるようなせりふを吐いた後に続くのが、冒頭の「わたし、物覚えが悪いのよね」だ。

「だから懲りずに二回も結婚して、二回も子育てするような羽目になったのよ」

とは、またしても長女の意見。このときも『羽目』のうまい使い方にコメントしたように覚えている。……したかなぁ。

さすがに「二回も離婚するような羽目になったのよ」とは言わなかったが、この長女が十六歳になったばかりの夏、わたしは二度目の離婚をした。正確には別居の開始で、離婚が成立するまでの長い道のりが始まった夏でもあった。

その翌年、十七歳だった長女は、故あって日本に住む父親と暮らすようになった。次の夏、カナダに戻った長女は一人暮らしを始めた。高校卒業後も働きながら一人で暮らしていたが、大学入学をきっかけに、わたしたちはまた一緒に住むことを考え始めた。

我が親友たちはこぞって反対した。長女が家を出たいきさつや、その後の愛憎劇をリアルタイムで見てきた彼らにとって、いや涙の味のする私のお酒に何度も付き合わされた彼らにとって、「信じられない。あなた……、忘れたの?」というのが、偽らざる気持ちだったのだ。

友人の一人は、「今後、二度とあの子に関する愚痴を聞きたくない。聞いたら最後、あなたとは絶交する」と言い放った。それでもわたしは、長女との同居に踏み切った。長女が家を出てから三年が過ぎようとしていた秋のことだった。

あれからまた三年が過ぎ、先日、長女の大学の卒業式に出席した。卒業と同時に別の学部に再入学した長女は、かじれるだけ親のすねをかじるつもりらしい。親の方も、あと二年を条件にせっせとすねを太らせることにした。

「すべてを許し、もう一度チャンスを与えることは誰にでもできることではない。あなたが、あの時あきらめなかったのは、すばらしいことだったと思う」とは、あの絶交を覚悟しろ、と言い渡した友人の言葉だ。

そうか……わたしは、忘れたのではなく、許したのか。忘れたのではなく、あきらめなかったのか。そう思うと俄然うれしくなってきた。もちろんそれは、わたしの物覚えの悪さに対する言い分けにはならない。だが、そこにわたしは、『忘れることの美学』を見たような気がしたのだ。

人は、本当に許した時にだけ、辛い過去を忘れることができる。『性懲りもない』とか『おっちょこちょい』とかの反論も聞こえてきそうだが、わたしはやっぱり、この人生は限りなく豊かで、美しいものだと信じている。だからあきらめない。幸せになることを絶対にあきらめないのだ。

それにしても、過去を忘れて人生をリセットさせることのできる能力は、イベントフルな人生のサバイバル・ツール、そして楽しい人生のためのスターター・キットとして大切な役割を果たす。そして、その能力はきちんと悩み、苦しみ、自分の非を認め、そして相手の間違いを許した者だけが身に付けられるものなのだ。

これは、離婚した相手との関係にも当てはめられることで、相手を本当に許すことができた時、やっと次の関係に進む準備ができたと考えてほしい。『シングル・ペアレントの愛の行方編、かしこい恋愛のすすめ方』を予告したのに、また例によって、わき道にそれているとお考えになっていた読者諸氏に、かしこい恋愛のすすめ方のための教訓1を提示して、この回を終えたいと思う。

教訓1　デート中の会話が別れた相手の悪口ばかりであれば、次の関係に入るのはまだまだ早い。悪口を言うのは傷ついている証拠。傷ついた心で恋愛は始まらないし、恋愛で傷ついた心が癒されはしない。振り出しに戻ろう。

9　出会いはどこに？

数年前、お便り下さった読者から久々にメールを受け取った。

当時、別居騒動の中、この連載が心のよりどころだと話してくれたこの女性は昨年、正式に離婚を成立させた、と近況を知らせてくれた。

同時に「かしこい恋愛のすすめ方　教訓1」に対して、コメントをいただいた。デート中の話題が別れた人の悪口ばかりでもかまわない。相手が別れた奥さんの愚痴しか話さなくても喜んで聞く。だから、いったい、どこにそんな出会いがあるのか。いったい、いつそんな出会いが訪れるのか教えてほしい、という。

別居から二年あまり、離婚が成立して一年、そして三度目の冬を迎えた一人暮らし……シーズナル・ディプレッション（冬季性うつ病）の症状が悪化したようだ、アドバイスがほしいと語る。

この女性に子供はいない。したがって別れた夫とは別居後、数えるほどしか会っておらず、この一年は一度も顔を見ていない。財産分割等の金銭的な問題が解決した後は、彼に対して何の文句もない。結婚生活も離婚したことすらも、もうすっかり過去のことだ。

新しい出会いに対する準備はとっくにできている。つまり教訓1にあるステップ1はクリアしているのに、ステップ2に進もうにも相手がいない、ということらしい。

そのメールは、「子供がいないので、PWPにも入れません」と、寂しそうに結んであった。

拙文を続けて読んでくださっている様子に感謝しつつ、わたしは彼女の悩みと取り組んでみた。以下がそのアドバイスだ。

「出会いとは、探していない時、探していない人のところにやって来るものですよ。きっとあなたにも、今にすばらしい人が現れます。『待てば海路の日和あり』というではありませんか」

……どうも、いまいち説得力に欠ける。では、ひとつプラクティカルに決めてみよう。

職場で出会いのチャンスがなく、バーに出かける類のナイト・ライフにも縁のない人々にも、友達がお膳立てするブラインド・デートとか、インターネットのシングルサイトをブラウズしてみるなどの方法がある。

さらに古典的なところで、新聞のパーソナル・アドに返答する、あるいは勇気を出してアドを出す。新しいところではスピード・デーティングに参加してみるとか……。

スピード・デーティングって何かって？　ひとことで言えば「お見合い合コンの革命、ねるとんの進化」だ。

このスピード・デーティングはNY生まれ、バーやブラインド・デートで時間を無駄にするのに飽き飽きしたニューヨークっ子の間で流行り出し、あっという間にロンドンやパリ、東京に飛び火した。もちろんトロントにも、バンクーバーにもだ。

一回の集いで十五人から二十人の異性と会うことができるスピード・デーティングでは、女性は座ったまま、男性の方が五分毎に席を移ってゆく。一人一人と各五分間の短いデートを楽しんだ後、各自与えられたカードに○か×を書き込む。パーティーの終わりにカードは集められ、その後、双方とも○であった参加者にメールでその連絡先が伝えられる。後は二人次第……とまあ、こういった仕組みだ。

この際、『きれいごと』には冬休みをあげよう。出会いを求めるのであれば、出会いがあるところに自ら出向くしかない。どんなにすばらしい商品でも市場に出なければ、買い手がつかないのと同じだ。お店に出さない限り、手にとってもらうこともないだろう。

スピード・デーティングなんて、そんな極端な、と感じる読者も少なくはなかろう。それでも、シーズナル・ディプレッションの打破には、行き過ぎとも思えるほどのアクティブさが常に功を奏す。いわばショック療法のひとつかもしれない。

そこで、どんな人に会えるかということよりも、そういった場に出かけていけるという積極さは、間違いなくプラスに働くのではないだろうか。

……と言うアドバイスが、少しでも役に立つことを期待するのだが、正直言って自信はない。

離婚経験者の中には、以前紹介した「テナガザル症候群」と対照的に、恋愛や異性恐怖症に陥っている場合もある。確かに離婚は大きなトラウマだ。「男／女／結婚なんて、こりごり…」という台詞は、いまだに離婚経験者の常套句だ。

この「離婚のトラウマ」は、時間をかけて考えてみたい課題だ。みなさまからも体験談やご意見をお聞かせいただけることを願いつつ、今回は筆をおく。

10 パートナーとLAT

「あちらの方はボーイフレンド？」

何気ない問いかけに、思いもよらない返事が返ってきた。

「いいえ、コモンロー・パートナーです」

コモンロー・パートナー……我々の世代には内縁関係とか、同棲時代とか、訳ありで後ろめたげな、影のある関係をイメージさせるこの表現に、あろうことか、わたしは一瞬たじろいだ。

自他共に認める革新派、トレンディーを座右の銘に今を生きる駆け込み寺住職にあるまじき醜態としきりに反省したわたしは、同時に、新しい世代のいさぎよさに敬服した。

コモンロー・パートナーとは、一緒に暮らしてはいるが、法的に婚姻を交わしてはいない相手のことだ。この関係は、結婚しないことがもたらす開放感と緊張感をバランスよく合わせ持った個人と個人の共同生活として、世代を超えて人気が高まっているという。またの名をリブ・イン・パートナー、または、単にパートナーという。

五十代のカップル、互いに離婚暦を持ち、それぞれ子供もいる、彼らは付き合い始めて十年を数え、周囲からはもうとっくに結婚したものと思われているらしい。

いつ見ても仲のよい二人は一緒にいて絵になる。週末や休暇を共に過ごし、冠婚葬祭や各種パーティーやファンクションにも、配偶者として参加する。互いの家族同士も仲がよく、クリスマスなどの家族の集まりも当然一緒だ。

それなのに、なぜかこの二人はそれぞれの家を持っていて、生活の基盤は別である。そして、本人たちにしか分からない、二人にとっての完璧な距離を保つことで、二人の関係をより新鮮で、かけがえのないものにしているように思える。

こういった関係を『LAT』と呼ぶことを最近知った。『LAT』とは、『Living Apart Together』の略で、「別々に暮らしながらもその人生を共に生きている」という意味の新しい形のカップルたちのことであるらしい。

よい人間関係のために必要なものとして、互いを尊重することを挙げる人は多いだろう。尊重し合うためには、相手の長所に感謝する謙虚さと、短所を受け入れられる、おうようさが決め手だが、もうひとつ、相手のテリトリーを侵害しない、というのがある。

相手に寄りかかることなく、また相手を支配することなく、自分も相手も『個人』として、互いのスペースを認めることは、とても大切なことだろう。

これは男と女の関係においても例外ではない。が、皮肉なことに、関係が深くなるにつれて相手を当てにしたたり、思い通りにならないことに腹を立てたりし始める。

これこそ、相手のテリトリーを侵害しているということにほかならないだろう。けれどもそれを意識することは極めて少ない。

互いのスペースを考えるとき、いつも社交ダンスのことが心に浮かぶ。社交ダンス競技会やダンスホールには縁がなくても、映画『Shall We ダンス』や、そのハリウッド・バージョンで、いとも優雅なダンスにため息をついた方も多いはずだ。

この社交ダンスで、これ以上近づけないだろうと思えるほどそばにいるように見える二人は、実は互いのスペースに決して入り込んではいない。パートナーのダンス・スペースに踏み込むや否や、もう、あのバランスよく整った美しいダンスは踊れなくなってしまうのだ。

さて、男と女……無意識であっても、相手のスペースに入り込んでいくことは、（無意識であるがゆえに）想像以上に危険なことだ。その結果、二人が、もう美しい人生のダンスを踊ることができなくなることに気づいているカップルは、どれぐらいいるだろうか。

冬の夜長、ホットチョコレートを片手に、暖炉の火を眺めながら、ふと思った。……コモンロー（リブ・イン）もＬＡＴも、男と女にとってもっとも大切なことに気づいた人たちの賢いチョイスではないだろうか。二人がいつまでもその美しいダンスを踊り続けるために……。

11　明日への投資

投資アドバイザーから、月に一度のメールが届いた。「今月の明細書をご覧になりましたか。お持ちのファンド、ずいぶん上がってますよ。調子いいですよ」といった内容だ。

もちろん、我が家に送られてくるありとあらゆる請求書や明細書同様、わたしは投資明細書にも目を通す。けれども、なるべく見て見ぬふりをするように心がけている。

クレジットカード類は不審な請求がないかどうかしっかり確かめるし、携帯を含む電話代の明細には乱用が認められないかどうか目をさらにする。なんせ娘を三人かかえた所帯なのだから。

それから、クレジットカードの請求書と共に銀行の明細書は、たいへん貴重な反省材料だ。特にクリスマス・シーズンと夏休みには、我が買い物癖にいとも簡単に拍車がかかってしまう。反省が改善につながるかどうかは別として、とりあえず現状の把握はできるわけだ。

そう、わたしは、明細書類とはかなりまじめに付き合うほうだ。それなのに、どうして投資の明細報告には注意を払わないのか。理由は二つある。

まず、市場と結びついた投資は上がったり下がったりするのが当たり前、上がったからといって大喜びしたり、下がったからといっていちいち気に病んだりするのは、時間とエネルギーの無駄である。

もとより大きなリスクを伴うものは避け、賭け事のような投資には手を出さず、大穴もなければ、独り負けもない類の投資を選んである。十年、二十年先には、アップダウンの末、それなりの成果を手にできる、といった種類のものだ。だからわたしは、先月と今月を比べることは、あえて避けることにしている。

十年、二十年先にそれなりの成果を手にすることをゴールとしているということは、長期の投資である。つまり下がったからといって他の投資に乗り換えるつもりがない、というのが、もうひとつの理由だ。

乗り換えるつもりのない電車には、ゆったりと景色でも眺めながら座っているのが一番だ。だから、「飛行機にすればよかったかしら」などと考えないで、旅の風情を楽しむことにしている。

自分の選択を信じ、多少のことには動じない覚悟を決め、逆にうまくいっているからといってこれが続くなどという妄想にとらわれず、淡々と、悠々と付き合える……わたしには、そういった投資が一番ふさわしいと思っている。

だから、わたしは、毎月届く投資明細を見て、がっかりするとはなしにがっかりしたり、喜ぶともなく喜んだりしている。感心がないわけでは決してない。ただ長い目でみた場合、ここでの一喜一憂には大して意味がないことを知っているだけのことだ。

さて、賢い読者のみなさんには、駆け込み寺住職が、華麗なる投資アドバイザーに転身しようとしているのではないことなど、とっくにお見通しだろう。

注意深く進めてきた恋愛、相手を思いやる気持ちも、相手の足りない部分をいとおしく思う気持ちも十分に育ってきた。この人と一緒に迎える明日がいっぱいあればいいなぁ、と思えるようになったとき、人は覚悟を決める。そして自分の明日を投資する。

その覚悟の投資は、それぞれのライフスタイルにとって、もっともふさわしい形で行われる。それがコモンロー（リブ・イン）だったり、LATだったり、あるいは結婚だったりする。

どんな形であろうとも、長期のリレーションシップには、アップダウンは当たり前、晴れ間も雨降りもお互いの成長とその関係の成熟のためには、どうしても必要なものだ。

自分の選択を信じ、多少のことには動じない覚悟を決め、逆にうまくいっているからといってこれが続くなどという妄想にとらわれず、淡々と、悠々と付き合える…だれにとっても、そんな関係が一番ふさわしいのだ。

シングル・ペアレントのみなさんが、いつの日か、そんな素敵な関係を見つけることができるよう、わたしはこの章を書き進めてきた。

つらく長い離婚成立への道のりと、その後に続く自分探しのプロセス、そのどれとも真っ向から取り組んできた者だけが勝ち得ることのできる本当の関係。本当の幸せ。―それは、生きるということの真実を見たわたしたちの特権であると信じたい。

あとがき

本作品の出版に際し、感謝したい方々は本当に大勢いらっしゃいます。連載を薦めていただいたカナダの邦字新聞「日加タイムス」の色本編集長。おたよりをいただいた「日加タイムス」の読者のみなさん。さらに、沼津の一杉真城、橋田幸子両氏との出会いがなければ、静岡新聞社とのご縁もありえませんでした。

まず、本作品に出版の機会を与えてくださった静岡新聞社出版部に厚くお礼を申し上げます。ありがとうございました。

「日加タイムス」には、1991年の渡加直後から、時折、地元の話題などを書かせていただいておりましたが、思うところあって書き記した自身の体験談に思いがけない反響をいただき、この「離婚駆け込み寺シリーズ」は、現在も5年目の連載が継続中です。

この連載を始めて何よりもうれしかったことは、自分が書いたものを読んでくださる方があることを実感できたことです。大勢の方から本当にたくさんのご意見やご感想をいただきました。そのどれもが、かけがえのない思い出になっております。

一杉真城、橋田幸子両氏とのお付き合いは、二年前、講演旅行中のお二人と小さな小料理屋のカウンターで同席させていたことに始まりました。カナダに戻った後、「橋田メモリアル・モハマド君基金」に関する記事を「日加タイムス」紙上に執筆させていただいたのです。その後、カナダから掲載号をお送りしたのですが、それがお二人の元に着く前に、静岡新聞社によってお届けいただいてあったのです。この海を越えた偶然には、大変驚いたものでした。

ところで、本作品に登場する人々には、すべてモデルとなった方々が実在します。連載中に出会った色々な方々の様々な出来事が、その度、私に新たな感慨や見解を与えてくれたことは、言うまでもありません。これらもすべてがご縁です。

ご縁といえば、縁あって嫁いだカナダの地で、思いもよらなかった離婚を経験することになった私が、こだわりのシングル・ペアレントとして十年目を迎えることができたのも、ありとあらゆるご縁に支えられてきたおかげです。

なかでも三人の娘たち—桃子、幸子、あさことの縁がなければ、本作品はこの世に存在しておりません。

私の目標は、この娘たちが、「ああ、この人が母親でよかった」と、今も、将来も思えるような人でいることです。本作品の出版を誰よりも喜んでくれた母に対し、私が感じているような想いを我が娘たちも私に抱いてくれたなら、と祈ってやみません。

2007年2月吉日

カナダ・トロントにて　野口ひろみ